궁금해 06
교과서 속담사전

1판 1쇄 발행|2019년 3월 27일
1판 3쇄 발행|2022년 6월 15일

지은이|이태영
그린이|이선주
펴낸이|이상배
펴낸곳|좋은꿈
디자인|김수연

등록|제396-2005-000060
주소|경기도 고양시 일산동구 장백로 26, 103동 508호
　　　(백석동, 동문굿모닝힐 1차) (우)10449
전화|031-903-7684 팩스|031-813-7683
전자우편|leebook77@hanmail.net

ⓒ 이태영, 이선주, 좋은꿈 2019
ISBN 979-11-85903-54-5　73700

이 도서의 국립중앙도서관 출판예정도서목록(CIP)은 서지정보유통지원시스템 홈페이지
(http://seoji.nl.go.kr)와 국가자료공동목록시스템(http://www.nl.go.kr/kolisnet)에서
이용하실 수 있습니다.(CIP제어번호: CIP2019007120)

블로그•네이버 www.joeunkoom.com

＊좋은꿈-통권 62-2019-제4권

■ 책값은 뒤표지에 있습니다.
■ 저작인과의 협약에 따라 검인지를 붙이지 않습니다.
■ 잘못 만들어진 책은 구입한 서점에서 바꾸어 드립니다.
■ 책 내용의 일부 또는 전체를 인용하거나 다시 쓰려면
　반드시 출판사와 저작인의 허락을 얻어야 합니다.

어린이제품안전특별법에 의한 제품 표시
제조자명 좋은꿈 | 제조년월 2022년 6월 | 제조국 대한민국 | **사용연령** 8세 이상

교과서 속담사전

이태영 글 | 이선주 그림

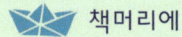 책머리에

속담으로 배우는 만 가지 지혜

'속담'은 예로부터 민간에 전하여 오는 쉬운 격언이나 잠언(가르쳐 훈계하는 말)을 말합니다.
수많은 말 중에서 '꽃'이고 '별'이라고도 합니다.
말을 길게, 글을 길게 늘어놓는 것보다도 적절한 속담 한마디가 더 분명하고 설득력이 있기 때문입니다.
속담은 어떤 유명한 사람이 지은 명언이 아닙니다.
오랜 세월 수많은 사람이 살아오는 동안에 경험하고, 생각하고, 느낀 것을 짧은 말로 표현한 것으로 곧 세상 진리의 말이라고 할 수 있습니다.

- 가는 말이 고와야 오는 말이 곱다.
- 고생 끝에 낙이 온다.
- 백 번 듣는 것이 한 번 보는 것만 못하다.

이렇듯 간결한 한마디가 그 어떤 명언보다도 분명한 교훈과 지혜를 담고 있습니다.

속담은 나에게 바른 충고를 해 주는 선생님이기도 합니다.

─세 살 적 버릇이 여든까지 간다.

나에게 게으른 버릇이 있다면 이 속담을 새기고 조금이라도 부지런하게 움직이세요.

나에게 용기를 주고 격려를 해 주기도 합니다.

─천 리 길도 한 걸음부터.

무슨 일이든 그 시작이 중요하니 바로 시작하는 것입니다. 이 책은 이렇듯 지혜와 교훈이 가득 넘치는 큰 그릇이며, 408개의 속담이 수록된 재미있는 사전입니다.

글쓴이

이태영

 차 례

1장 교과서 속담 ··· 11
　참 잘했어요 · 12
　걸음아 날 살려라 · 20
　큰소리, 헛소리 · 28
　미워해, 좋아해 · 36
　못 말리는 단짝 · 44
　흠흠, 그렇지 · 52

2장 주제별 속담 ··· 55
　계절과 날씨에 관한 속담 · 56
　다 때가 있어 · 58
　부지런함과 게으름에 관한 속담 · 62
　나 혼자 부지런히 · 64
　어리석음과 지혜에 관한 속담 · 68
　동에서 번쩍, 서에서 번쩍 · 71
　노력과 실천에 관한 속담 · 76

파고 파고 또 파고 · 78

가족과 친구, 이웃에 관한 속담 · 82

예쁜 우리 오리 · 84

마음과 마음씨에 관한 속담 · 91

나 어떡해 · 92

말과 말씨에 관한 속담 · 97

음식에 관한 속담 · 101

못생겨서 미안합니다 · 103

동물에 관한 속담 · 108

네 꿈이 뭐니 · 111

3장 우리나라 대표 속담 ··· 117

4장 세계 대표 속담 ··· 141

2019년 새 교과서 수록 속담 ··· 152

속담 퀴즈 정답 ··· 160

일러두기

*이 책에 실린 내용은 아래와 같이 분류하였습니다.

예화:속담의 주제를 짧은 동화로 엮었습니다.

교과서 속담:2015, 2009 개정 교육과정 교과서 속담 전부를 수록하였습니다.

주제별 속담:계절과 날씨, 부지런함과 게으름, 어리석음과 지혜, 노력과 실천, 가족과 친구·이웃, 마음과 마음씨, 말과 말씨, 음식, 동물 등 9가지 주제별로 구성하였습니다.

우리나라 대표 속담:교과서 속담과 주제별 속담 외에 대표적인 속담을 수록하였습니다.

세계 대표 속담:전 세계 각 나라의 대표 속담을 수록하였습니다.

2019년 새 교과서(국어 6-1 가·국어 6-2 가)에 수록된 속담을 권말에 수록하였습니다.

교과서 속담

참 잘했어요
가는 말이 고와야 오는 말이 곱다

"도윤아, 오늘 우리 집에 놀러 올래?"
"그래, 학교 끝나고 축구 연습하고 갈게."
집으로 돌아온 지우는 과자와 과일을 접시에 담아 두고, 피아노 연습을 했습니다.
딩동.
도윤이가 오자 둘은 과자를 먹으며 오늘 학교에서 있었던 얘기들을 나눴습니다.
"도윤아, 내가 새로 연습한 곡인데 한번 들어 봐."
지우는 피아노 앞에 앉아 딩동딩동 연주를 시작했습니다.
"어때, 잘 치지?"

"응, 듣기 괜찮네. 너희 피아노가 좋은 건가 보다. 그런데 아까 축구 시합할 때 말이야, 내가 두 골이나 넣었다. 그래서 우리 팀이 4 대 0으로 이겼어."

"그래? 네 공이 비싼 건가 보다."

둘은 금세 헤어졌습니다.

다음 날, 지우가 도윤이네 집에 갔습니다. 도윤이 방은 착착 깔끔하게 정리되어 있었습니다.

"와, 넌 방을 깨끗하게 정리하는구나. 난 지저분하다고 맨날 엄마한테 혼나는데."

"뭘, 다 그렇지."

지우 말에 도윤이는 입꼬리가 올라갔습니다.

"우리 떡볶이 먹자. 엄마가 해 주셨어."

둘은 매콤달콤한 떡볶이를 후후 불며 맛있게 먹었습니다.

"지우야, 넌 음식을 정말 맛있게 먹어. 복 들어오게."

"헤헤, 내가 좀 그렇지. 도윤이 넌 게임 잘하잖아."

지우 말에 도윤이는 생글생글 웃었습니다.

"너는 그림을 잘 그리잖아. 대회 때마다 상 받고."

"도윤이 너는 인사를 잘하잖아. 그래서 어른들이 칭찬

하시잖아."

둘의 이야기를 듣고 있던 도윤이 엄마가 식탁으로 다가오며 말했습니다.

"가는 말이 고와야 오는 말이 곱다더니, 칭찬이 끝이 없구나. 서로를 멋지게 만들어 주는 좋은 친구들이네. 둘 다 참 잘했어요!"

칭찬하는 엄마도, 칭찬을 듣는 두 친구도 활짝 웃었습니다.

뜻풀이

내가 남에게 말이나 행동을 좋게 하여야 남도 나에게 좋게 한다는 말이에요.

비슷한 속담

가는 떡이 커야 오는 떡이 크다.
가는 정이 있어야 오는 정이 있다.

가는 날이 장날
일을 보러 가니 공교롭게 장이 서는 날이라는 뜻으로, 어떤 일을 하려고 하는데 뜻하지 않은 일을 공교롭게 당한다는 말이에요.

가랑비에 옷 젖는 줄 모른다
가늘게 내리는 비는 조금씩 젖어들기 때문에 옷이 젖는 걸 쉽게 깨닫지 못한다는 뜻으로, 아무리 사소한 것이라도 그것이 거듭되면 무시하지 못할 정도로 크게 된다는 말이에요.

가재는 게 편
모양이나 형편이 서로 비슷한 것끼리 서로 잘 어울리고, 사정을 보아주며 서로 감싸 준다는 말이에요.

개똥도 약에 쓰려면 없다
평소에 흔하던 것도 막상 필요해서 쓰려고 하면 없다는 말이에요.

고생 끝에 낙이 온다
어려운 일, 고된 일을 겪은 뒤에는 반드시 즐겁고 좋은 일이 생긴다는 말이에요.

구더기 무서워 장 못 담글까
다소 방해되는 것이 있더라도 할 일은 해야 한다는 말이에요.

군말이 많으면 쓸 말이 적다
하지 않아도 될 말을 많이 늘어놓으면 그만큼 쓸 말이 적어진다는 것으로, 말을 삼가라는 뜻이에요.

꿩 먹고 알 먹는다
한 가지 일을 하여 두 가지 이상의 이익을 얻는 것을 말해요.

나무를 보고 숲을 보지 못한다
부분만 보고 전체는 보지 못하는 것을 말해요.

낙숫물이 댓돌을 뚫는다
작은 힘이라도 꾸준히 계속하면 큰일을 이룰 수 있다는 말이에요.

후후, 말이 많아….
거절당하겠어.

난 공부도 일등이고, 잘생기고,
키도 크고, 초콜릿도 좋아해.
그러니 나하고 결혼해 줘.

남의 눈에 눈물 내면 제 눈에는 피눈물이 난다
남에게 악한 짓을 하면 자기는 그보다 더한 벌을 받게 된다는 뜻이에요.

남자는 태어나서 세 번 운다
남자는 태어났을 때, 부모님이 돌아가셨을 때, 나라가 망했을 때 세 번 울어야 한다는 말로, 남자는 우는 모습을 보이면 안 된다는 뜻이에요.

남자는 하늘이요, 여자는 땅이다
여자보다 남자가 더 높고 귀하다는 말이에요.

낫 놓고 기역 자도 모른다
기역 자 모양으로 생긴 낫을 보면서도 기역 자를 모른다는 뜻으로, 아주 무식한 것을 말해요.

낮말은 새가 듣고 밤말은 쥐가 듣는다
아무도 안 듣는 데서라도 말조심하라는 뜻이에요.

놓친 고기가 더 크다
현재 가지고 있는 것보다 먼저 것이 더 좋았다고 생각한다는 말이에요.

달걀로 바위 치기
대항해도 도저히 이길 수 없는 경우를 말해요.

달면 삼키고 쓰면 뱉는다
옳고 그름이나 의리는 아랑곳 않고 자기의 이익만 꾀한다는 말이에요.

닭 쫓던 개 지붕 쳐다보듯
애써 하던 일이 실패로 돌아가거나 남보다 뒤떨어져 어찌할 수 없다는 말이에요.

도끼로 제 발등 찍는다
남을 해칠 생각으로 한 것이 결국 자기에게 해롭게 된다는 말이에요.

속담 퀴즈? 빈칸에 알맞은 낱말 번호를 적으세요.

▨▨ 무서워 장 못 담글까.
①메주 ②구더기 ③지렁이 ④항아리

낫 놓고 ▨▨ 자도 모른다.
①기역 ②니은 ③이응 ④시옷

닭 쫓던 ▨▨ 지붕 쳐다보듯.
①고양이 ②병아리 ③개 ④소

걸음아 날 살려라
도둑이 제 발 저리다

깊은 산골에 이야기를 좋아하는 할아버지 할머니가 살았습니다. 아침부터 저녁까지 "하하." "호호." 하며 이야기를 나누었습니다.

"영감, 이야기가 다 떨어졌네요. 이 베를 가지고 마을로 내려가 재미있는 이야기 좀 사 오시구려."

"알았어요. 금방 내려가 사 오리다."

밭두렁을 지나던 할아버지는 밭에서 일하고 있는 사람을 보았습니다.

"이보시오, 혹시 재미있는 이야기 있으시오? 있으면 나한테 파시오, 이 베를 드릴 테니."

농부는 베를 보고 욕심이 났습니다.

"그럼요, 물론 있지요."

농부는 대답은 했지만 마땅히 생각나는 이야기가 없었습니다. 그때 황새 한 마리가 내려앉는 것이 보였습니다.

"훌쩍 내려앉는다."

농부가 이야기하자 할아버지는 얼른 따라 외웠습니다. 황새는 두리번거리며 먹이를 찾았습니다.

"두리번두리번한다."

황새는 무엇인가를 찾아 입에 넣었습니다.

"집어 먹는다."

황새는 흙을 살피며 먹을 것을 더 찾았습니다.

"들여다본다."

할아버지는 이야기 값으로 베를 주고 서둘러 집으로 돌아왔습니다.

"할멈 할멈, 내가 사 온 이야기 해 줄게요."

그때 마침 도둑이 담을 넘어 들어왔습니다.

"훌쩍 내려앉는다."

할아버지 목소리에 도둑은 눈이 둥그레졌습니다.

'설마, 내가 들어온 걸 누가 본 건 아니겠지.'

도둑은 주위를 두리번거렸습니다.

"두리번두리번한다."

깜짝 놀란 도둑은 뒷걸음질 쳐 부엌으로 숨었습니다. 마침 솥 안에 김이 모락모락 나는 시루떡이 있어 떡을 집어 입에 넣었습니다.

"집어 먹는다."

그 소리에 도둑은 주저앉을 뻔했습니다. 간신히 몸을 일으켜 방문으로 다가가 창호지에 구멍을 뚫고 들여다보려는 순간이었습니다.

"들여다본다."

화들짝 놀란 도둑은 걸음아 날 살려라 하며 달아났습니다.

'도둑이 제 발 저린다고, 도둑질도 아무나 하는 게 아니구나!'

> **뜻풀이**
>
> 잘못한 일이 있거나 죄를 지으면 자연히 마음이 조마조마해진다는 말이에요.

교과서 속담

돌다리도 두들겨 보고 건너라
잘 아는 일이라도 세심하게 주의하라는 말이에요.

두 손뼉이 맞아야 소리가 난다
무슨 일이든 양쪽에서 서로 뜻이 맞아야 이루어진다는 말이에요.

드문드문 걸어도 황소걸음
속도는 느리지만 오히려 믿음직스럽고 알차다는 말이에요.

등잔 밑이 어둡다
가까운 자기 일을 자기가 오히려 잘 모른다는 말이에요.

뛰는 놈 위에 나는 놈 있다
아무리 재주가 뛰어나더라도 그보다 뛰어난 사람이 있다는 말이에요.

마른하늘에 날벼락
뜻하지 않은 상황에서 뜻밖에 입는 재난.

말 한마디에 천 냥 빚도 갚는다
말만 잘하면 어려운 일이나 불가능해 보이는 일도 해결할 수 있다는 말이에요.

말로는 못 할 말이 없다
실제로 행동이나 책임이 뒤따르지 아니하는 말은 무엇이든 다 할 수 있다는 말이에요.

말이 씨가 된다
늘 말하던 것이 마침내 사실대로 되었을 때를 이르는 말이에요.

목마른 놈이 우물 판다
가장 급하고 일이 필요한 사람이 그 일을 서둘러 하게 되어 있다는 말이에요.

물에 빠져도 정신을 차려야 산다
아무리 어려운 경우에 처했더라도 정신을 차리고 용기를 내면 살 길이 있다는 말이에요.

미꾸라지 한 마리가 온 웅덩이를 흐려 놓는다
한 사람의 좋지 못한 행동이 단체나 여러 사람에게 나

쁜 영향을 미친다는 말이에요.

믿는 도끼에 발등 찍힌다
잘되리라 믿고 있던 일이 어긋나거나, 믿고 있던 사람이 배반하여 오히려 해를 입는 것을 말해요.

바늘 가는 데 실 간다
떨어져서는 아무 소용이 없어 늘 붙어 다니는 사람끼리의 긴밀한 관계를 말해요.

발 없는 말이 천 리 간다
말은 발이 없지만 천 리 밖까지도 순식간에 퍼진다는 뜻으로, 말을 삼가야 한다는 뜻이에요.

백 번 듣는 것이 한 번 보는 것만 못하다
듣기만 하는 것보다는 직접 보는 것이 확실하다는 말이에요.

백지장도 맞들면 낫다
쉬운 일이라도 힘을 합치면 훨씬 쉽다는 뜻이에요.

뱁새가 황새를 따라가면 다리가 찢어진다
힘에 겨운 일을 억지로 하면 도리어 해만 입는다는 말

이에요.

벼 이삭은 익을수록 고개를 숙인다
교양과 지식을 쌓은 사람일수록 겸손하고 남 앞에서 자기를 내세우지 않는다는 말이에요.

비 온 뒤에 땅이 굳어진다
비에 젖어 질척거리던 흙도 마르면서 단단하게 굳어지는 것처럼, 사람도 어려운 일과 고비를 겪은 뒤에 더욱 강해진다는 말이에요.

속담 퀴즈? 빈칸에 알맞은 낱말 번호를 적으세요.

등잔 밑이 ▨▨▨▨.
①밝다 ②환하다 ③어둡다 ④침침하다

믿는 ▨▨▨▨에 발등 찍힌다.
①도끼 ②망치 ③호미 ④삽

큰소리, 헛소리
빈 수레가 요란하다

"지아야, 넌 무슨 책을 이렇게 많이 빌렸어? 선생님이 금요일까지 독서감상문 한 편만 써 오라고 하셨잖아."
학교 도서관에서 책을 빌려 나오던 서연이가 물었습니다.
"책을 숙제 때문에 읽니? 책은 마음의 양식이라고 하잖아. 하루에 한 권씩은 읽어야지. 책을 많이 읽으면 생각이 깊어지고 아는 것도 많아지고 공부도 더 잘할 수 있는 거라고."
주안이가 머쓱해서 말했습니다.
"그렇긴 하지만 우리 오늘부터 수영도 시작하잖아. 시간이 안 날 것 같아서…."

"없는 시간이라도 내서 읽어야지. 그리고 서연이는 속담 책, 주안이는 과학책을 빌렸네? 그런 책 읽어서 뭐하니. 나처럼 위인전을 읽어야지. 그래야 위인들처럼 훌륭한 사람이 될 수 있는 거야…."

지아 말이 끊기지 않자 서연이가 화제를 돌려 말했습니다.

"수영이 처음이라 오늘 잘할 수 있을지 걱정이네."

"걱정할 거 없어. 수영은 호흡이 제일 중요해. 물속에 얼굴을 넣고 '음' 하면서 숨을 조금씩 내뱉고, 얼굴을 들어 입을 벌려서 '파' 하며 숨을 크게 들이쉬는 거지. '음파'만 잘하면 수영은 문제없어."

지아와 서연, 주안이는 수영복을 입고 수영장에 들어섰습니다. 선생님의 지도에 따라 준비운동을 하고 물속으로 들어갔습니다.

"지아야, 너도 들어와야지."

"선생님, 못 들어가겠어요. 물이 너무 무서워요."

지아는 밖에 서서 몸을 바들바들 떨었습니다.

"지아야, 안 무서워. 다리부터 조금씩 들어와 봐."

서연이가 말했지만 지아는 수영을 안 배우겠다며 집

으로 돌아갔습니다.

금요일이 되어 선생님이 숙제 검사를 했습니다.

"지아는 왜 감상문을 안 냈니?"

"저…, 책은 많이 읽었는데요 감상문을 어떻게 써야 할지 몰라서요."

지아 말에 서연이와 주안이는 동그래진 눈으로 마주 보았습니다. 서연이는 작은 목소리로 주안이에게 말했습니다.

"속담 책에 이런 경우에 쓰는 말이 있었어. '빈 수레가 요란하다'."

뜻풀이

실속 없는 사람이 겉으로 더 떠들어 댄다는 말이에요.

비슷한 속담

속이 빈 깡통이 소리만 요란하다.

 교과서 **속담**

뿌리 깊은 나무는 가뭄 안 탄다

땅속 깊이 뿌리 내린 나무는 가뭄을 타지 않아 말라 죽는 일이 없는 것처럼, 무엇이나 근원이 깊고 튼튼하면 어떤 시련도 견뎌 낼 수 있다는 말이에요.

사공이 많으면 배가 산으로 간다

여러 사람이 제 주장대로 배를 몰려고 하면 결국에는 배가 물로 못 가고 산으로 올라간다는 뜻으로, 여러 사람이 자기주장만 내세우면 일이 제대로 되지 않는다는 말이에요.

사람은 얼굴보다 마음이 고와야 한다

사람은 생김새보다 마음씨가 훌륭해야 한다는 말이에요.

사람은 지내 봐야 안다

사람의 마음은 겉으로 보아서는 알 수 없으며, 함께 오랫동안 지내 봐야 알 수 있다는 말이에요.

세 살 적 버릇이 여든까지 간다
어릴 때 몸에 밴 버릇은 늙어 죽을 때까지 고치기 힘들기 때문에 어릴 때부터 나쁜 버릇이 들지 않도록 잘 가르쳐야 한다는 뜻이에요.

소 잃고 외양간 고친다
일이 이미 잘못된 뒤에는 손을 써도 소용이 없다는 말이에요.

소문난 잔치에 먹을 것 없다
떠들썩한 소문이나 기대에 비하여 실속이 없거나, 소문이 실제와 다른 경우를 말해요.

쇠뿔도 단김에 빼랬다
어떤 일이든지 하려고 생각했으면 한창 열이 올랐을 때 망설이지 말고 행동으로 옮겨야 한다는 말이에요.

수박 겉 핥기
사물의 속 내용은 모르고 겉만 건드리는 것을 말해요.

시작이 반이다
무슨 일이든 시작하기가 어렵지 일단 시작하면 일을

요기에 붙이자.
코딱지 붙이는 버릇을
못 버렸으니….

할머니,
그거 뭐예요?

끝마치기는 어렵지 않다는 말이에요.

아 해 다르고 어 해 다르다
같은 내용의 이야기라도 이렇게 말하는 것이 다르고, 저렇게 말하는 것이 다르다는 뜻이에요.

아는 길도 물어 가랬다
잘 아는 일이라도 세심하게 주의를 하라는 말이에요.

아니 땐 굴뚝에 연기 날까
원인이 없으면 결과가 있을 수 없다는 말이에요.

암탉이 울면 집안이 망한다
아내가 남편을 제쳐 놓고 떠들고 간섭하면 집안일이 잘 되지 않는다는 말이에요.

약방에 감초
한약방에는 감초가 반드시 있는 것처럼, 어떤 일에나 빠짐없이 끼어드는 사람 또는 꼭 있어야 할 물건을 뜻해요.

얌전한 고양이 부뚜막에 먼저 올라간다
겉으로는 얌전하고 아무것도 못 할 것처럼 보이는 사

람이 딴짓을 하거나 자기 실속을 다 차리는 경우를 말해요.

여자 웃음이 담장을 넘어가면 안 된다
여자는 얌전해야지 집 안에서 여자가 큰 소리를 내면 안 된다는 말이에요.

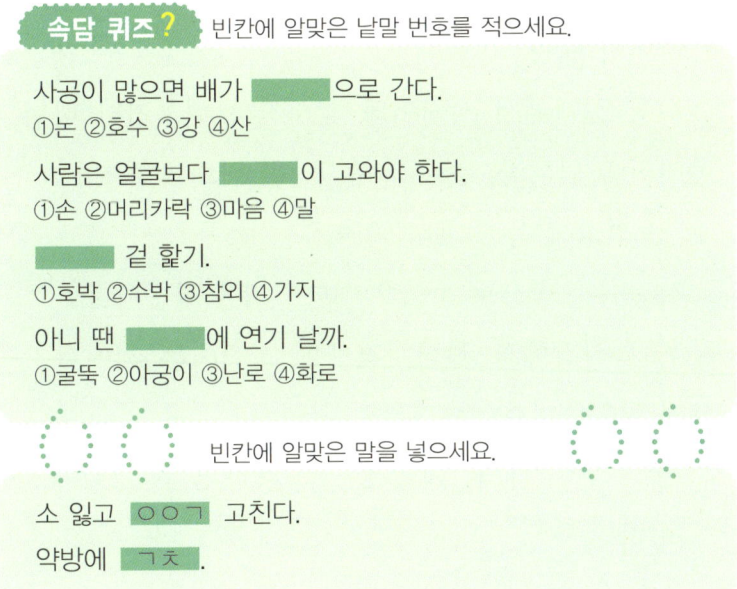

미워해, 좋아해
열 길 물속은 알아도 한 길 사람의 속은 모른다

"서진아, 속상해하지 마. 그런데 아깝기는 하다. 2표 차이가 뭐냐."
회장 선거에서 서진이와 앞서거니 뒤서거니 하던 다은이가 당선되자, 준우가 서진이를 위로했습니다.
"난 회장 같은 거 관심 없어."
서진이는 집으로 돌아오자마자 책을 폈습니다.
쉬는 시간에도 점심시간에도 서진이는 책에서 눈을 떼지 않았습니다.
"좀 쉬면서 해라. 맨날 1등 하는 애가 뭘 그렇게 열심히 하냐."
준우가 혀를 차며 말했습니다.

며칠 뒤 시험 성적이 나왔습니다.

"우와, 무슨 일이야. 다은이가 1등이래."

반 아이들 모두 깜짝 놀라며 다은이에게 축하 인사를 했습니다.

"다은이 정말 대단하지 않니. 착하고 잘 웃고, 거기다 공부까지."

준우 말을 들은 서진이는 아무 말도 없었습니다.

"아, 아니 그냥 그렇다고. 참, 다은이가 햄버거 산다는데 같이 가자."

"아니, 난 안 가. 집에 빨리 가야 해."

서진이는 뒤도 돌아보지 않고 교실을 나섰습니다.

"쟨 왜 다은이를 싫어하지. 1등을 뺏겨서 그런가…."

다음 날 점심을 먹던 준우가 말했습니다.

"서진아, 오늘 수업 끝나고 피구 한판 하자. 다은이네 팀에 2명이 부족하대."

"싫어."

"왜 그래, 피구 귀신이. 너 다은이가 싫어서 그래? 걔 얼마나 괜찮은 아인데. 공부 잘한다고 잘난 척도 안 하고…."

그때 다은이가 다가왔습니다.
"어, 다은아, 이따 말이야, 피구⋯."
준우가 더듬거리는 사이 다은이가 말했습니다.
"서진아, 생일 초대해 줘서 고마워. 토요일에 꼭 갈게."
준우는 어이없다는 듯 서진이와 다은이를 번갈아 보았습니다.
"뭐야! 그렇게 싫어하는 척하더니 다은이를 제일 먼저 초대한 거야. 열 길 물속은 알아도 한 길 사람의 속은 모른다더니!"
서진이는 뺨을 발갛게 물들인 채 고개를 들지 못했답니다.

뜻풀이

사람의 속마음을 알기가 무척 어렵다는 말이에요.

비슷한 속담

천 길 물속은 알아도 한 길 사람의 속은 모른다.

교과서 속담

열 번 찍어 아니 넘어가는 나무 없다
아무리 뜻이 굳은 사람이라도 여러 번 권하거나 달래면 결국 마음이 변한다는 말이에요.

오르지 못할 나무는 쳐다보지도 마라
자기가 할 수 없는 일에 대해서는 처음부터 욕심을 내지 말라는 뜻이에요.

입에 쓴 약이 병에는 좋다
나에 대한 충고나 비판이 당장은 듣기에 좋지 아니하지만 그것을 받아들이면 자기 수양에 이롭다는 말이에요.

자기 배부르면 남의 배 고픈 줄 모른다
자기와 환경이나 조건이 다른 사람의 사정을 이해하기가 어렵다는 말이에요.

자라 보고 놀란 가슴 솥뚜껑 보고 놀란다
어떤 사물에 몹시 놀란 사람은 비슷한 사물만 보아도

겁을 낸다는 말이에요.

작은 고추가 더 맵다
몸집이 작은 사람이 큰 사람보다 재주가 뛰어나고 야무지다는 말이에요.

장님이 외나무다리 건너듯
일의 결과를 조금도 짐작할 수 없다는 말이에요.

좋은 농사꾼에게 나쁜 땅이 없다
열심히 농사를 짓는 사람은 아무리 나쁜 땅이라도 정성껏 가꾸어 수확이 많은 것처럼 모든 일은 자기 하기에 달렸다는 말이에요.

쥐구멍에도 볕 들 날 있다
몹시 고생을 하는 사람도 좋은 운수가 터질 날이 있다는 말이에요.

지렁이도 밟으면 꿈틀한다
보잘것없는 사람이나 순하고 좋은 사람이라도 너무 업신여기면 가만있지 않는다는 말이에요.

짚신도 제짝이 있다
보잘것없는 사람도 제짝이 있다는 말이에요.

차면 넘친다
세상 모든 것이 한번 번성하면 다시 약해지기 마련이라는 말이에요.

찬물도 위아래가 있다
무엇에나 순서가 있으니, 그 차례를 따라야 한다는 뜻이에요.

참는 자에게 복이 있다
억울한 일이 있더라도 때에 따라서는 꾹 참고 견디는 것이 이롭다는 말이에요.

참새가 방앗간을 그저 지나랴
욕심 많은 사람이 이득을 보고 가만있지 못한다는 말이에요. 또는 자기가 좋아하는 곳은 그대로 지나치지 못한다는 뜻이에요.

천 리 길도 한 걸음부터
무슨 일이든 그 시작이 중요하다는 말이에요.

첫술에 배부르랴
어떤 일이든지 단번에 만족할 수는 없다는 말이에요.

초록은 동색
풀색과 녹색은 같은 색이라는 말로, 처지가 같은 사람들끼리 한편이 되는 경우를 뜻해요.

친구는 옛 친구가 좋고 옷은 새 옷이 좋다
오래 사귄 친구일수록 정이 두텁고 깊어서 좋다는 말이에요.

칼도 날이 서야 쓴다
무엇이든 제 기능을 할 수 있어야 한다는 말이에요.

속담 퀴즈? 빈칸에 알맞은 낱말 번호를 적으세요.

입에 ▨▨▨ 약이 병에는 좋다.
①단 ②신 ③짠 ④쓴

장님이 ▨▨▨ 건너듯.
①돌다리 ②외나무다리 ③강 ④찻길

못 말리는 단짝
칼로 물 베기

    은송이와 정원이는 단짝입니다. 둘은 똑같은 점이 많습니다. 같은 유치원을 다녔고, 작년에도 같은 3반, 올해도 같은 2반입니다. 같은 아파트, 같은 층에 삽니다. 은송이는 5학년 오빠, 정원이는 5학년 언니가 있습니다. 어깨까지 내려오는 머리에 민트 색을 좋아하는 것도 같습니다.
    "정원아, 너 우산 안 가져가? 오늘 비 온다는 예보 있던데."
    "네 거 같이 쓰면 되지."
    둘은 재잘재잘 조잘조잘 쉴 틈 없이 이야기를 나누며 학교에 도착했습니다.

3교시 체육 시간에는 아이들이 좋아하는 축구를 하기로 했습니다. 은송이와 정원이는 같은 팀이 되었습니다.

"아싸, 파랑팀 파이팅!"

경기가 시작하고 얼마 뒤, 빨강팀 공을 뺏으려던 은송이가 정원이 팔을 휙 밀치고 달려갔습니다.

'아야! 나한테 미안한 얼굴도 안 하네.'

정원이는 살짝 기분이 상했습니다.

후반전이 끝나 갈 즈음, 1 대 1로 비기고 있던 파랑팀에게 공이 넘어왔습니다.

"정원아, 공 나한테 보내!"

은송이가 골대를 향해 달려가며 소리쳤습니다. 그런데 공을 차며 달려오던 정원이가 공을 민수에게 패스했습니다. 민수는 공을 정확히 골대에 넣었습니다.

'뭐야, 내가 골 넣는 게 싫은 거야?'

은송이는 정원이에게 서운한 마음이 들었습니다.

여느 때와 달리 둘은 점심도 따로 먹고, 집에 갈 때도 찻길을 사이에 두고 따로 걸었습니다. 그런데 갑자기 소나기가 내리기 시작했습니다. 정원이는 비를 피하려고 손을 머리에 얹고 뛰기 시작했습니다.

"아야!"

그러다 보도블록에 걸려 넘어지고 말았습니다. 깜짝 놀란 은송이는 길을 건너 정원이에게 달려가 우산을 씌워 주었습니다.

"정원아, 괜찮아? 안 아파?"

"응, 괜찮아. 나 네 우산 같이 써도 되지?"

"그럼, 우린 단짝이잖아. 같이 있을 때 즐겁고 신나는."

은송이 말에 정원이는 활짝 웃었습니다.

"맞아. 친구 다툼은 칼로 물 베기라는데, 우리 기분 풀고 떡볶이 먹으러 갈까?"

> **뜻풀이**
>
> 다투었다가도 시간이 조금 지나 곧 사이가 다시 좋아지는 경우를 말해요.

교과서 속담

코에 걸면 코걸이 귀에 걸면 귀걸이
마땅한 근거나 원인을 밝히지 않고 자기에게 유리한 이유를 붙이는 경우. 또는 보는 입장에 따라 이렇게도 설명할 수 있고 저렇게도 설명할 수 있는 경우를 말해요.

콩 심은 데 콩 나고 팥 심은 데 팥 난다
모든 일은 근본에 따라 거기에 걸맞은 결과가 나타난다는 말이에요.

콩밭에 가서 두부 찾는다
몹시 성급하게 행동한다는 말이에요.

콩으로 메주를 쑨다 하여도 곧이듣지 않는다
아무리 사실대로 말하여도 믿지 않는다는 말이에요.

큰 고기는 깊은 물속에 있다
훌륭한 인물은 많은 사람 속에 섞여 있어 잘 드러나지 않는다는 말이에요.

큰 둑도 개미구멍으로 무너진다
작은 힘으로도 큰일을 이룰 수 있다는 말이에요.

타고난 재주 사람마다 하나씩은 있다
누구나 한 가지씩 재주를 가지고 있어서 그것으로 먹고살아 가게 마련이라는 뜻이에요.

탕약에 감초 빠질까
여기저기 아무 데나 끼어드는 사람을 말해요.

태산을 넘으면 평지를 본다
어렵고 고된 일을 겪은 뒤에는 반드시 즐겁고 좋은 일이 생긴다는 말이에요.

터를 닦아야 집을 짓는다
기초 작업을 해야 그 다음 일을 할 수 있다는 말이에요.

토끼 둘을 잡으려다 하나도 못 잡는다
욕심을 부려 한꺼번에 여러 가지 일을 하려고 하면 그 가운데 하나도 이루지 못한다는 말이에요.

티끌 모아 태산
작은 것이라도 모이고 모이면 나중에 큰 덩어리가 된

다는 말이에요.

팔 고쳐 주니 다리 부러졌다 한다
체면 없이 무리하게 계속 요구하거나 사고가 잇따라 일어나는 것을 말해요.

평안 감사도 저 싫으면 그만이다
아무리 좋은 일이라도 당사자의 마음이 내키지 않으면 억지로 시킬 수 없다는 말이에요.

푸성귀는 떡잎부터 알고 사람은 어렸을 때부터 안다
잘될 사람은 어려서부터 남다른 데가 있어 알아볼 수 있다는 말이에요.

피는 물보다 진하다
피를 나눈 가족의 정이 깊다는 말이에요.

하나를 보고 열을 안다
일부만 보고 전체를 미루어 안다는 말이에요.

하나만 알고 둘을 모른다
사물의 한 면만 보고 두루 보지 못하는 것처럼, 도무지 융통성이 없고 미련하다는 말이에요.

하늘은 스스로 돕는 자를 돕는다

하늘은 스스로 노력하는 사람을 성공하게 만든다는 말이에요.

한 계단씩 밟아 올라간다

낮은 데서부터 높은 데로 순서대로 올라간다는 말이에요.

호랑이 굴에 가야 호랑이 새끼를 잡는다

뜻하는 결과나 보람을 얻으려면 그에 마땅한 일을 해야 한다는 말이에요.

속담 퀴즈? 빈칸에 알맞은 낱말 번호를 적으세요.

푸성귀는 ▨▨▨부터 알고 사람은 어렸을 때부터 안다.
①뿌리 ②열매 ③떡잎 ④가지

흠흠, 그렇지

하늘이 무너져도 솟아날 구멍이 있다

"아함, 배고파."
사자는 어슬렁어슬렁 풀밭으로 나갔습니다. 저 앞에서 양 한 마리가 다가왔습니다.
"사자님, 안녕하세요? 좋은 아침이네요. 사자님 갈기는 언제 봐도 멋지군요."
사자는 갈기를 쓸어 넘기며 헛기침을 했습니다.
"흠흠, 당연하지."
"으윽!"
양은 갑자기 코를 막으며 인상을 찌푸렸습니다.
"왜 그러느냐?"
"어휴, 사자님 입 냄새가 너무 고약해요. 도무지 숨을 쉴 수가 없어요!"

"뭐라고? 감히 내 흉을 보다니! 다시는 내 입 냄새를 못 맡게 해 주마."

사자는 큰 입을 벌려 양을 삼키고 말았습니다. 그러고도 화가 풀리지 않은 사자는 지나가는 토끼를 불러 세웠습니다.

"야 토끼, 이리 오너라."

양이 잡아먹히는 것을 본 토끼는 바들바들 떨며 사자에게 다가갔습니다.

"이리 와서 내 입 냄새를 맡아 보거라. 휴우."

'아이고, 고약해라. 그런데 어쩌지….'

"어떠냐?"

"사자님, 입에서 향기로운 냄새가 나네요. 마치 과일 향기처럼 달콤하군요."

"뭐라고? 이런 아첨꾼 같으니."

사자는 토끼를 한입에 먹어 치웠습니다.

그때 그 모습을 여우가 나무 뒤에서 지켜보고 있었습니다. 무서움에 떨던 여우는 살금살금 도망치려 했습니다.

"야 여우, 이리 와서 내 입 냄새를 맡아 보거라."

여우는 부들부들 떨며 생각했습니다.

'하늘이 무너져도 솟아날 구멍이 있다고 했어. 좋은 방법을 생각해 보자.'

사자에게 다가간 여우는 사자의 입 냄새를 맡는 척하곤 말했습니다.

"사자님, 어쩌면 좋지요? 제가 감기에 걸려 코가 꽉 막혔습니다. 그래서 냄새를 조금도 맡지 못하겠어요. 하지만 사자님 입 냄새는 맡지 않아도 분명 좋을 거라고 생각합니다. 그렇지 않나요?"

"흠흠, 그렇지."

사자는 여우를 돌려보낼 수밖에 없었습니다.

> **뜻풀이**
>
> 아무리 어려운 경우에 처하더라도 살아 나갈 방법이 있다는 말이에요.

> **비슷한 속담**
>
> 사람이 죽으란 법은 없다.

주제별 속담

계절과 날씨에 관한 속담

가뭄 끝은 있어도 장마 끝은 없다
가뭄은 아무리 심하여도 적게나마 거둘 것이 있지만 큰 장마가 진 뒤에는 아무것도 거둘 것이 없다는 말이에요. 가뭄보다 장마로 인한 재난이 더 무섭다는 뜻이지요.

가물에 콩 나듯
가뭄에는 심은 콩이 제대로 싹이 트지 못해서 드문드문 나지요. 어떤 일이나 물건이 어쩌다 하나씩 드문드문 있을 때 쓰는 말이에요.

가을바람의 새털
가을바람에 날리는 새털처럼 매우 가볍고 꿋꿋하지 못한 것을 이르는 말이에요.

가을비는 장인의 수염 밑에서도 긋는다
가을비는 아주 잠깐 오다가 곧 그친다는 말이에요.

가을에는 부지깽이도 뛴다

가을 추수 때에는 일이 많아서 누구나 바삐 나서서 거들게 된다는 말이에요.

겨울을 지내 보아야 봄 그리운 줄 안다

어려운 시련과 고통을 겪어 보아야 삶의 참된 보람을 알 수 있다는 말이에요.

겨울이 지나지 않고 봄이 오랴

추운 겨울이 지나 봄이 오는 것처럼 시련과 곤란을 극복하여야 승리와 성과를 얻을 수 있다는 말이에요.

늙은이 기운 좋은 것과 가을 날씨 좋은 것은 믿을 수 없다

가을 날씨가 때때로 변하는 것처럼, 상황이 언제 변할지 모른다는 말이에요 .

대한이 소한의 집에 가서 얼어 죽는다

글자로 보면 대한(큰 추위)이 소한(작은 추위)보다 추워야 하지만, 사실은 소한 무렵이 더 춥다는 말이에요.

다 때가 있어
모기도 처서가 지나면 입이 비뚤어진다

수현이는 학교에서 돌아오자 가방을 던지고 거실에 벌렁 누웠습니다.
"하, 더워. 여름방학이 끝났는데도 이렇게 더우면 어쩌라는 거야."
수현이는 발갛게 달아오른 얼굴에 휙휙 손부채를 부쳤습니다.
"할머니, 저 얼음물 좀 주세요. 날씨가 너무 뜨거워요. 몸도 뜨겁고 얼굴에 땀이 나서 못 살겠어요."
부엌에서 할머니가 나오며 말했습니다.
"무슨 말이 그렇게 빠르니. 입은 안 더운 모양이구나."
수현이는 얼음물을 벌컥벌컥 들이키고는 손으로 입을

쓱 훔쳤습니다.

"아, 시원해. 이제 좀 살 것 같아요."

할머니는 선풍기를 수현이 쪽으로 돌려 주며 말했습니다.

"며칠 지나면 선선한 바람이 불 테니 조금만 참으렴."

"말도 안 돼요. 이렇게 뜨거운 날씨가 며칠 새 바뀐다고요?"

"그렇다니까."

"할머니가 그걸 어떻게 아세요?"

"호호, 그거야 옛 어른들이 알려 주셔서 알지."

"옛 어른들이요?"

수현이는 궁금한 얼굴로 할머니를 바라보았습니다.

"오늘이 무슨 날인지 아니? 바로 처서야. 옛 어른들은 태양의 움직임을 따라 한 해를 24개로 나누었는데, 그중 14번째 절기야. '여름이 그친다'는 뜻이지. 입추(가을이 시작됨)와 백로(가을 기운이 완연함) 사이에, 양력으로는 8월 23일 무렵이야. 처서 무렵이면 아침 저녁으로 선선한 바람이 불기 시작하지."

"여름이 끝난 건 아닌 것 같아요. 전 어제도 모기에

여러 군데 물렸는걸요."
수현이가 모기에 뜯긴 팔뚝을 들어 보여 주었습니다.
"호호. 모기도 선선한 바람이 불기 시작하면 힘을 못 쓰지. '**모기도 처서가 지나면 입이 비뚤어진다**'는 말이 있거든. 그러니 오늘부터는 모기 걱정은 접어 둬. 하나 둘씩 귀뚜라미가 나타나 울기를 기다려야지."
"네, 할머니 말씀대로 기대해 볼게요. 지긋지긋한 여름 끝, 시원한 가을 시작!"

뜻풀이

처서(24절기 중 하나)가 지나면 여름철 무더위도 한풀 꺾여 날씨가 선선해지므로 극성을 부리던 모기도 기세가 약해진다는 말이에요.

계절과 날씨에 관한 속담

봄비가 잦으면 마을 집 지어미 손이 크다
봄비가 자주 오면 풍년이 들 것으로 생각하기 때문에 부인들 인심이 후해진다는 뜻으로, 아무 소용없고 도리어 해롭기만 한 것을 이르는 말이에요.

봄꽃도 한때
부귀영화란 오래가지 않아서, 그 한때가 지나면 그만이라는 말이에요.

어느 구름에서 비가 올지
언제 무엇이 어떻게 될지 미래의 일은 알 수가 없다는 말이에요.

여름에 하루 놀면 겨울에 열흘 굶는다
농사에서는 특히 여름에 부지런히 일하여야 하듯이, 내일을 생각하여 조금도 게을리 해서는 안 된다는 뜻이에요.

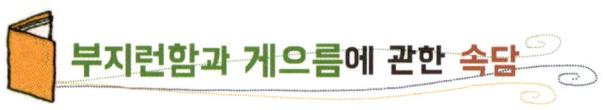

부지런함과 게으름에 관한 속담

거지도 부지런하면 더운 밥을 얻어먹는다
잘살려면 부지런해야 한다는 말이에요.

구르는 돌은 이끼가 안 낀다
부지런하고 꾸준히 노력하는 사람은 계속 발전한다는 말이에요.

게으른 놈 짐 많이 진다
게으른 사람이 일하기 싫어 한 번에 짐을 많이 지려고 하다 움직이지도 못한다는 뜻으로, 능력도 없으면서 일에 대한 욕심만 부린다는 말이에요.

게으른 선비 책장 넘기듯
책을 읽다가 얼마나 읽었나 헤아려 본다는 뜻으로, 게으른 사람이 일은 안 하고 빨리 그 일에서 벗어나고만 싶어 한다는 말이에요.

나간 사람 몫은 있어도 자는 사람의 몫은 없다
게으른 사람은 아무것도 얻을 수 없다는 말이에요.

나 혼자 부지런히

배부른 고양이는 쥐를 잡지 않는다

부옇게 동이 터 오는 이른 새벽이었습니다.
"이랴이랴, 가자."
주인이 소를 끌고 밭으로 나갔습니다. 소에게 쟁기를 씌우고 너른 밭을 갈기 시작했습니다.
"푸푸!"
큰 돌들이 걸려 앞으로 나아가기가 쉽지 않았습니다. 그래도 소는 가쁜 숨을 내쉬며 주인을 따라 힘차게 쟁기를 끌었습니다.
점심때가 다 되어도 갈아야 할 밭은 끝이 보이지 않았습니다.
'아, 힘들어. 물이라도 먹었으면 좋겠는데, 잠시도 쉴

수가 없네.'

소는 무거운 몸을 바쁘게 움직였습니다.

"서두르자, 이랴!"

어느새 해가 뉘엿뉘엿 저물었습니다.

새벽부터 시작한 쟁기질은 해가 떨어지고 나서야 끝났습니다.

외양간으로 돌아온 소는 그제야 주인이 던져 준 풀을 먹었습니다. 하루 종일 굶으며 일하느라 뱃가죽이 붙어 버린 것만 같았습니다.

허겁지겁 풀을 먹는 소를 보고 옆 우리에 있는 돼지가 물었습니다.

"아침 일찍 나가더니 이제야 일이 끝난 거야? 힘들었겠구나."

"응, 물 먹을 시간도 없이 일했어. 너도 많이 힘들었지?"

돼지는 늘어지게 하품을 하며 말했습니다.

"아함. 아니, 난 힘들 일이 없어. 하루 종일 뒹굴뒹굴 잠만 잤는걸."

"뭐? 넌 아무 일도 안 했단 말이야?"

소는 방울눈을 하며 물었습니다.

"당연하지. 내가 언제 일하는 거 봤어. 난 일을 할 이유가 없어."

돼지는 큰 소리로 꿀꿀거리며 말했습니다.

"일을 안 하면 밥을 먹을 수가 없잖아. 그래서 나는 매일같이 새벽부터 밤늦게까지 일했는걸."

소의 말에 돼지는 코를 벌름거리며 웃었습니다.

"꿀꿀, 나는 가만히 있어도 주인이 밥을 넘치도록 주는데 왜 일을 하겠니? 배부른 고양이는 쥐를 잡지 않는다는 말도 몰라? 그러니 배고픈 너나 열심히 일하라고."

뜻풀이

가난한 사람은 부지런하지만 돈 있는 사람은 게으르다는 것을 비유적으로 이르는 말이에요.

비슷한 속담

배부른 매는 사냥을 않는다.

부지런함과 게으름에 관한 속담

부지런한 농사꾼에게는 나쁜 땅이 없다
아무리 나쁜 땅이라도 열심히 가꾸면 나쁜 땅도 좋은 땅으로 만들어 많은 수확을 할 수 있다는 말이에요.

부지런한 물방아는 얼 새도 없다
물방아는 쉬지 않고 돌기 때문에 추워도 얼지 아니한다는 뜻으로, 무슨 일이든 쉬지 않고 부지런히 해야 한다는 말이에요.

부지런한 벌은 슬퍼하지 않는다
열심히 일하는 사람은 불평하지 않는다는 말이에요.

부지런한 부자는 하늘도 못 막는다
부지런히 일하면 반드시 부자가 된다는 말이에요.

속담 퀴즈? 빈칸에 알맞은 낱말 번호를 적으세요.

구르는 ▮▮▮ 은 이끼가 안 낀다.
①공 ②돌 ③바퀴 ④사람

게으른 ▮▮▮ 책장 넘기듯.
①머슴 ②아들 ③선비 ④아이

어리석음과 지혜에 관한 속담

겨 묻은 개가 똥 묻은 개를 나무란다
결점이 있기는 마찬가지이면서, 조금 덜한 사람이 더한 사람을 흉보는 것을 말해요.

누울 자리 봐 가며 발을 뻗어라
어떤 일을 할 때 그 결과가 어떻게 될 것인가를 생각하여 미리 살피고 일을 시작하라는 말. 또는 시간과 장소를 가려 행동하라는 말이에요.

누워서 침 뱉기
남을 해치려다가 도리어 자기가 해를 입게 된다는 말이에요.

눈 가리고 아웅
얕은수로 남을 속이려 한다는 말이에요.

달도 차면 기운다
한번 번성한 것은 다시 쇠하기 마련이라는 말이에요.

돼지에 진주

값어치를 모르는 사람에게는 귀한 보물도 소용없다는 말이에요.

물은 건너 보아야 알고 사람은 지내 보아야 안다

사람은 겉만 보고는 알 수 없고, 오래 겪어 보아야 알 수 있다는 말이에요.

물이 깊을수록 소리가 없다

덕이 높고 생각이 깊은 사람은 겉으로 떠벌리고 잘난 체하거나 뽐내지 않는다는 말이에요.

밑 빠진 독에 물 붓기

밑 빠진 독에 아무리 물을 부어도 독이 채워질 수 없다는 뜻으로, 아무리 힘을 들여도 보람 없이 헛된 일이 되는 상태를 이르는 말이에요.

사냥 가는 데 총을 안 가지고 가는 것 같다

일을 하러 가면서 거기에 가장 긴요한 물건을 빠뜨리고 간다는 말이에요.

동에서 번쩍, 서에서 번쩍
사람 위에 사람 없고 사람 밑에 사람 없다

"아, 나도 아버지를 아버지라 불러 보고 싶어."

어린 길동은 밤하늘을 바라보며 눈물을 지었습니다.

길동은 똑똑하고 재주가 많았지만 어머니가 노비 출신이어서 사람대접을 받지 못했습니다. 아버지를 아버지라 부르지 못하고 과거 시험도 볼 수 없고, 점점 구박과 차별이 심해지자 길동은 집을 떠나 산속으로 들어가기로 했습니다.

그런데 산길을 가던 홍길동 앞에 도적들이 나타났습니다.

"가진 것을 다 내놓아라."

홍길동은 그동안 갈고 닦아 온 무술로 도적들을 가볍

게 물리쳤습니다.

"용서해 주십시오. 저희도 착한 백성입니다. 단지 먹을 것이 없어 이렇게 도둑질을 하게 된 겁니다. 열심히 농사를 지어 봤자 몹쓸 양반들이 싹 다 빼앗아 가니까요."

무릎을 꿇은 도적들을 바라보던 홍길동이 말했습니다.

"사람 위에 사람 없고 사람 밑에 사람 없다고 하였습니다. 우리도 양반들과 똑같은 사람입니다. 이제부터 우리와 같은 불쌍한 백성들을 구하는 의로운 도적이 됩시다!"

"고맙습니다. 저희 두목이 되어 주십시오."

도적들의 우두머리가 된 홍길동은 도적들에게 무술을 가르쳤습니다. 그러고는 자신과 비슷한 크기로 허수아비 일곱 개를 만들어 생명을 불어넣었습니다. 여덟 명의 홍길동이 동쪽에서 번쩍, 서쪽에서 번쩍 하며 전국에 동시에 나타나 못된 벼슬아치들을 혼내 주었습니다.

"홍길동이 나타났다."

양반들은 홍길동이라는 이름만 들어도 두려움에 벌벌 떨었습니다.

"며칠 전에 홍길동이 바닷가 마을에 나타났대."

"우리 마을에도 나타나 주었으면…."

홍길동은 전국을 돌며 욕심 많은 양반들의 재물을 빼앗아 가난한 백성들에게 나누어 주었습니다. 힘없는 백성들은 홍길동의 이름만 들어도 통쾌했습니다.

"우리의 영웅, 홍길동 만세!"

백성들에게 희망을 주었던 홍길동은 훗날 무리들과 함께 섬으로 들어가 모두가 평등하게 사는 나라를 만들었습니다.

> **뜻풀이**
>
> 사람은 본래 태어날 때부터 권리나 의무가 평등하다는 말이에요.

 어리석음과 지혜에 관한 속담

섶을 지고 불로 들어가려 한다
불에 잘 타는 섶을 지고 이글거리는 불 속에 뛰어든다는 뜻으로, 앞뒤 가리지 못하고 미련하게 행동하는 것을 말해요.

소경이 코끼리 만지고 말하듯
앞을 보지 못하는 소경이 코끼리의 한 부위를 만지고 전체를 아는 것처럼 말한다는 뜻으로, 현실을 잘 모르면서 한쪽만 보고 이야기하는 것을 말해요.

손바닥으로 하늘 가리기
아무리 가리려고 해도 가릴 수 없고 드러날 것은 다 드러난다는 말이에요.

아끼다 똥 된다
물건을 너무 아끼기만 하면 잃어버리거나 못 쓰게 된다는 말이에요.

언 발에 오줌 누기
언 발을 녹이려고 오줌을 누어 봤자 잠시 나은 것 같을 뿐 곧 효력이 없어지고 결국에는 상황이 더 나빠진다는 뜻이에요.

우물에 가 숭늉 찾는다
일에는 질서와 차례가 있는 법인데, 일의 순서도 모르고 성급하게 덤빈다는 말이에요.

제 꾀에 제가 넘어간다
꾀를 내어 남을 속이려다 도리어 자기가 그 꾀에 속아 넘어가는 것을 말해요.

호랑이에게 물려 가도 정신만 차리면 산다
아무리 위급한 경우를 당하더라도 정신만 똑똑히 차리면 위기를 벗어날 수 있다는 말이에요.

노력과 실천에 관한 속담

감나무 밑에 누워서 홍시 떨어지기를 기다린다
아무런 노력도 하지 않으면서 좋은 결과가 이루어지기만 바란다는 말이에요.

개미는 작아도 탑을 쌓는다
보잘것없고 힘이 없는 사람이라도 꾸준히 노력하고 정성을 들이면 훌륭한 일을 이룰 수 있다는 말이에요.

거미도 줄을 쳐야 벌레를 잡는다
무슨 일이든 거기 필요한 준비가 있어야 결과를 얻을 수 있다는 말이에요.

공든 탑이 무너지랴
공들여 쌓은 탑은 무너질 리 없다는 뜻으로, 힘을 다하고 정성을 다하여 한 일은 반드시 그 결과가 있다는 말이에요.

구슬이 서 말이라도 꿰어야 보배
아무리 훌륭하고 좋은 것이라도 다듬어 쓸모 있게 만

들어야 값어치가 있다는 말이에요.

무쇠도 갈면 바늘 된다
어떤 어려운 일이라도 꾸준히 노력하면 이룰 수 있다는 말이에요.

부뚜막의 소금도 집어넣어야 짜다
가까운 부뚜막에 있는 소금도 넣지 아니하면 음식이 짠맛이 날 수 없다는 뜻으로, 아무리 손쉬운 일이라도 힘을 들이어 하지 아니하면 안 된다는 말이에요.

산엘 가야 꿩을 잡고 바다엘 가야 고기를 잡는다
무슨 일이든지 가만히 있어서는 이루어지지 않고 발 벗고 나서서 힘을 들여야 이루어진다는 말이에요.

옥도 갈아야 빛이 난다
고생을 겪으며 노력을 기울여야 뜻한 것을 이룰 수 있다는 말이에요.

입에 들어가는 밥술도 제가 떠 넣어야 한다
아무리 쉬운 일이라도 자기가 노력하지 않으면 이룰 수 없다는 말이에요.

파고 파고 또 파고

우물을 파도 한 우물을 파라

옛날 어느 마을에 가뭄이 들어 걱정이 이만저만이 아니었습니다.
"이러다 올해 농사는 망치겠는걸."
"우물이 말라서 먹을 물도 모자라."
그러자 몇 날 며칠 고민하던 원님이 말했습니다.
"누구든 물이 샘솟는 우물을 파는 사람에게 소 한 마리를 상으로 내리겠다."
그러자 마을 사람들은 너나없이 삽을 들고 나섰습니다. 돌쇠와 만복이도 우물을 파기로 했습니다.
"그까짓 우물 파는 것쯤이야 식은 죽 먹기지. 여기저기 푹푹 찔러 보면 물이 나오기 마련이니."

돌쇠는 큰소리를 땅땅 쳤습니다.

"원래 있던 우물이 여기니 물길이 이리로 흘러서…."

만복이는 차근차근 물길이 지나는 곳을 찾았습니다.

"야, 나처럼 그냥 파. 그러다 물이 안 나오면 다른 데를 파고. 어휴, 답답해."

돌쇠는 만복이가 답답하다는 듯 혀를 찼습니다.

둘은 삽질을 시작했습니다. 흙을 조금 파면 크고 작은 돌멩이들이 박혀 있어 쉽지 않았습니다.

"후유, 힘들어. 여긴 아닌가 보다. 저기를 파 봐야지."

돌쇠는 흙을 조금 파헤쳐 보고는 이리저리 자리를 옮겼습니다.

오후가 되자 해는 더욱 쨍쨍 내리쬐었습니다. 덥고 땀이 흘러 눈앞을 가렸습니다.

"켁켁, 뭐야. 물이 다 말라 버렸나."

돌쇠는 연신 불평을 해 대며 여기저기 땅을 팠습니다. 처음부터 한 자리에서 깊이깊이 땅을 파던 만복이도 땀으로 옷이 흠뻑 젖었습니다. 하지만 물은 나올 기미가 없었습니다.

해가 뉘엿뉘엿 저물어 갈 때였습니다.

퐁퐁퐁.

"나와요, 물이 나왔어요!"

만복이가 기쁨에 차서 소리를 질렀습니다. 마을 사람들 모두 달려와 함께 기뻐하며 만복이를 칭찬했습니다.

"우물을 파도 한 우물을 파야 하는구나. 만복이가 큰일을 했네!"

만복이가 상으로 받은 소를 타고 집으로 돌아가자 돌쇠는 주저앉고 말았습니다.

"소도 놓치고, 하루 종일 이게 무슨 고생이야. 아이고, 내 팔 내 허리야!"

뜻풀이

일을 너무 벌이거나 하던 일을 자주 바꾸어 하면 아무런 성과가 없으니, 어떠한 일이든 한 가지 일을 끝까지 하여야 성공할 수 있다는 말이에요.

노력과 실천에 관한 속담

지성이면 감천

정성이 지극하면 하늘도 감동한다는 뜻으로, 무슨 일에든 정성을 다하면 어려운 일도 순조롭게 풀리어 좋은 결과를 가져온다는 말이에요.

하늘을 보아야 별을 따지

뜻하는 성과를 거두려면 그만한 노력과 준비가 있어야 한다는 말이에요.

흐르는 물은 썩지 않는다

고인 물은 썩지만 흐르는 물은 썩지 아니한다는 뜻으로, 언제나 일하고 공부하며 단련하여야 시대에 뒤떨어지지 않는다는 말이에요.

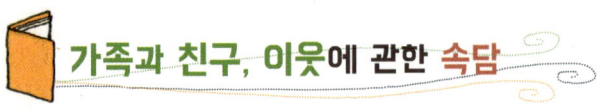

가족과 친구, 이웃에 관한 속담

가는 정이 있어야 오는 정이 있다
상대편이 자기에게 말이나 행동을 좋게 하여야 자기도 상대편에게 좋게 한다는 말이에요.

가지 많은 나무에 바람 잘 날이 없다
가지가 많고 잎이 무성한 나무는 살랑거리는 바람에도 잎이 흔들려서 잠시도 조용한 날이 없다는 뜻으로, 자식을 많이 둔 어버이에게는 걱정이 끊일 날이 없다는 말이에요.

개밥에 도토리
개는 도토리를 먹지 않아서 밥 속에 있어도 먹지 않고 남긴다는 뜻으로, 따돌림을 받아서 여러 사람 속에 끼지 못하는 사람을 이르는 말이에요.

개천에서 용 난다
변변하지 못한 부모나 집안에서 훌륭한 인물이 나는 경우를 말해요.

예쁜 우리 오리

고슴도치도 제 새끼가 제일 곱다고 한다

학예회 날, 바이올린과 플루트를 연주하는 혜연·지은·지호·은우의 엄마들이 객석에 모여 앉았습니다.

선생님의 소개와 함께 첫 순서인 합주를 준비했습니다.

네 명의 아이들이 나오자 지호를 본 혜연 엄마가 깜짝 놀라며 말했습니다.

"어머, 지호 머리가 왜 그래요? 뒷머리를 아예 밀어 버렸네."

무대를 본 지은, 은우 엄마도 놀라 지호 엄마를 쳐다보았습니다.

"호호, 잘 어울리죠? 우리 지호가 뒤통수가 예뻐서 시원하게 깎았어요. 지호 보고 멋지다고 다들 저렇게 깎는 거 아닌지 몰라. 아무나 어울리는 게 아닌데, 호호."

바이올린 소리와 함께 연주가 시작되었습니다. 혜연이와 은우의 바이올린에 이어 지은이와 지호의 플루트가 고운 소리를 냈습니다.

삐이익-.

음이 높이높이 올라가자 지호의 플루트가 음을 벗어나 잡소리를 냈습니다. 듣기 싫은 소리가 계속되자 엄마들은 귀를 손으로 막았습니다.

"우리 지호 호흡이 좋기도 하지. 시원시원하게 잘도 부네, 기특하기도 하지!"

지호 엄마 말에 세 엄마들은 입을 다물지 못했습니다.

마지막 순서는 연극 '미운 오리 새끼'였습니다. 그런데 미운 오리가 슬퍼하는 장면에서 예쁜 오리인 지호가 자꾸만 미운 오리 앞을 가리며 손으로 브이(V) 자를 그렸습니다.

"그래 그래, 지호 잘한다. 엄마 여기 있어."

지호 엄마도 무대를 향해 손을 흔들기도 하고, 벌떡 일어났다가 앉았습니다.

옆에서 그 모습을 보던 세 엄마들은 괜히 부끄러워졌

예쁜 우리 오리

습니다. 그리고 나지막이 귀엣말을 했습니다.

"고슴도치도 제 새끼가 제일 곱다고 한다더니, 예쁜 오리가 '미운 오리 새끼'를 망쳐 버렸네요."

뜻풀이

어버이 눈에 자기 자식은 다 잘나고 귀여워 보인다는 말이에요.
털이 바늘같이 꼿꼿한 고슴도치도 제 새끼의 털이 부드럽다고 한다는 뜻으로, 자기 자식의 나쁜 점은 모르고 도리어 자랑으로 삼는 것을 말하기도 하지요.

비슷한 속담

고슴도치도 제 새끼만은 곱다고 쓰다듬는다.

 가족과 친구, 이웃에 관한 속담

꾸어다 놓은 보릿자루
여럿이 모인 자리에서 아무 말도 하지 않고 가만히 있는 사람을 이르는 말이에요.

내리사랑은 있어도 치사랑은 없다
윗사람이 아랫사람을 사랑하기는 하여도 아랫사람이 윗사람을 사랑하기는 좀처럼 어렵다는 말이에요.

누이 좋고 매부 좋다
어떤 일에 있어 서로 다 이롭고 좋음을 나타내는 말이에요.

먼 사촌보다 가까운 이웃이 낫다
이웃끼리 친하게 지내면 먼 곳에 있는 친척보다 더 친하게 되어 서로 도우며 살게 된다는 말이에요.

먹을 가까이하면 검어진다
좋지 못한 사람과 사귀면 그를 닮아 악에 물들게 된다는 말이에요.

무자식 상팔자
자식이 없으면 도리어 걱정이 없어 편하다는 말이에요.

불면 꺼질까 쥐면 터질까
어린 자녀를 애지중지하여 기르는 부모의 사랑을 이르는 말이에요.

새도 가지를 가려서 앉는다
친구를 사귀거나 직업을 택하는 데에 신중하게 잘 가려서 택해야 한다는 말이에요.

아이 보는 데는 찬물도 못 먹는다
아이들은 보는 대로 따라 하므로 아이들이 볼 때는 함부로 말하거나 행동하여서는 안 된다는 말이에요. 또는 남이 하는 것을 바로 그대로 따라 하는 경우를 말해요.

열 손가락 깨물어 안 아픈 손가락이 없다
자식이 아무리 많아도 부모에게는 모두 다 같이 소중하다는 말이에요.

윗물이 맑아야 아랫물이 맑다
윗사람이 잘하면 아랫사람도 따라서 잘하게 된다는 말이에요.

자식을 길러 봐야 부모 사랑을 안다
부모의 사랑은 자식이 그 끝을 알 수 없을 만큼 깊고 두텁다는 말이에요.

친구 따라 강남 간다
자기는 하고 싶지 아니하나 남에게 끌려서 덩달아 하게 되는 것을 말해요.

품 안의 자식
자식이 어렸을 때는 부모의 뜻을 따르지만 자라서는 제 뜻대로 행동하려 한다는 말이에요.

속담 퀴즈? 빈칸에 알맞은 낱말 번호를 적으세요.

먼 사촌보다 가까운 ▩▩▩이 낫다.
①이웃 ②친구 ③선생님 ④삼촌

새도 ▩▩▩를/을 가려서 앉는다.
①집 ②둥지 ③풀 ④가지

마음과 마음씨에 관한 속담

까마귀가 검기로 마음도 검겠나
사람을 평가할 때 겉모양만 보고 할 것이 아니라는 말이에요.

때린 놈은 다릴 못 뻗고 자도 맞은 놈은 다릴 뻗고 잔다
남에게 해를 입힌 사람은 마음이 불안하지만 해를 입은 사람은 오히려 마음이 편하다는 말이에요.

똥 누러 갈 적 마음 다르고 올 적 마음 다르다
자기가 급할 때는 통사정하며 매달리다가 그 일을 무사히 마치고 나면 모른 체한다는 말이에요.

마음이 지척이면 천 리도 지척이라
서로 정이 깊고 가까우면 멀리 떨어져 있어도 가깝게 느껴진다는 말이에요.

못 먹는 감 찔러나 본다
제 것으로 만들지 못할 바에야 남도 갖지 못하게 못쓰게 만들자는 심술궂은 마음을 이르는 말이에요.

나 어떡해

벙어리 냉가슴 앓듯

두더지가 커다란 나무 아래서 부지런히 땅굴을 파고 있었습니다.

"굴이 너무 좁아. 조금 더 파서 넓혀야지."

뿌지직 뿌지직.

"어, 무슨 소리지?"

굴을 파다 나무뿌리를 만났는데, 뿌리가 썩어 있었습니다.

"큰일이다. 뿌리가 썩으면 이 나무가 쓰러지고 말 텐데…. 안 되겠어. 다른 나무 아래 새 굴을 파야겠다."

두더지는 새 보금자리를 찾으려고 땅 위로 얼굴을 내밀었습니다.

그때 독수리가 나무로 날아왔습니다.

"이크, 독수리다! 날 잡아먹으러 왔나 보다."

두더지는 냉큼 굴속으로 피했습니다.

독수리는 나무 꼭대기에 자리를 잡고 앉았습니다.

잠시 후 독수리가 갔는지 궁금해진 두더지는 살짝 밖으로 얼굴을 내밀었습니다. 그랬더니 독수리가 둥지에 앉아 있었습니다.

'알을 품고 있는 걸까? 어떡하지. 알이 깰 때까지 움직이지 않을 텐데. 그래, 독수리가 자는 밤에 몰래 도망쳐야겠다.'

두더지는 숨도 참아 가며 조용히 밤이 오기를 기다렸습니다.

어둠이 내리자 살금살금 밖으로 나온 두더지는 걸음을 옮기려다 나무 꼭대기를 바라보았습니다.

"그런데… 나는 이사를 하면 되지만 독수리 알은 어떡하지. 깨어나기도 전에 나무가 쓰러져 버리면 다 깨져 버리고 말 텐데. 뿌리가 썩었다는 걸 독수리에게 알려 줄까?"

두더지는 잠시 망설였습니다.

"아니야, 말을 꺼내기도 전에 독수리가 나를 잡아먹어 버릴걸."
두더지는 고개를 흔들었습니다.
"그래도 새끼들은 구해야지. 그러다 내가 위험해지면? 어떡하지… 말을 할 수도 없고 안 할 수도 없고."
두더지는 걸음을 옮기지 못하고 발을 동동 굴렀습니다.
"정말 나 어떡해. **벙어리 냉가슴 앓듯** 한다더니, 내가 바로 그 경우구나. 말을 해, 말아?"

뜻풀이

벙어리가 안타까운 마음을 하소연할 길이 없어 속만 썩이듯 한다는 뜻으로, 답답한 사정이 있어도 남에게 말하지 못하고 혼자 괴로워하며 걱정하는 것을 말해요.

마음과 마음씨에 관한 속담

사람의 마음은 하루에도 열두 번
사람의 마음이란 변하기 쉽다는 말이에요.

사촌이 땅을 사면 배가 아프다
남이 잘되는 것을 기뻐하지 않고 질투하고 시기하는 경우를 말해요.

산속에 있는 열 놈의 도둑은 잡아도 맘속에 있는 한 놈의 도둑은 못 잡는다
마음속에 자리 잡은 좋지 못한 생각을 스스로 고치기 어렵다는 말이에요.

손톱 밑의 가시
손톱 밑에 가시가 박히면 매우 고통스러운 것처럼 늘 마음에 꺼림칙하게 걸리는 일을 말해요.

앓던 이 빠진 것 같다
걱정거리가 사라져 후련하다는 말이에요.

엎드려 절 받기
상대편은 마음에 없는데 억지로 요구하여 대접을 받

는 경우를 말해요.

염불에는 맘이 없고 잿밥에만 맘이 있다
맡은 일에는 정성을 들이지 아니하면서 잇속에만 마음을 두는 경우를 비유적으로 이르는 말이에요.

우물가에 애 보낸 것 같다
어린아이를 우물가에 내놓으면 언제 우물에 빠질지 몰라 마음이 불안하다는 뜻으로, 몹시 걱정이 되어 마음이 놓이지 아니하는 상태를 이르는 말이에요.

입에 맞는 떡은 구하기 어렵다
내 마음에 꼭 들어맞는 것을 구하기란 매우 어렵다는 말이에요.

저 먹자니 싫고 남 주자니 아깝다
자기에게 소용이 없는데도 남에게는 주기 싫은 인색한 마음을 뜻하는 말이에요.

속담 퀴즈? 빈칸에 알맞은 말을 넣으세요.
ㅅ ㅊ 이 땅을 사면 배가 아프다.

말과 말씨에 관한 속담

가루는 칠수록 고와지고 말은 할수록 거칠어진다
가루는 체에 칠수록 고와지지만 말은 길어질수록 다툼이 생길 수 있으니 말을 삼가라는 뜻이에요.

거짓말은 새끼를 친다
습관적으로 남을 속이는 사람은 언젠가는 더 큰 사기 행위도 하게 될 수 있음을 경계하는 말이에요.

고기는 씹어야 맛이요, 말은 해야 맛이라
고기의 맛을 알려면 겉만 핥을 것이 아니라 자꾸 씹어야 하듯이, 하고 싶은 말이나 해야 할 말은 시원하게 다 해 버려야 좋다는 말이에요.

귀신 씻나락 까먹는 소리
우물우물 말하는 소리, 또는 이치에 닿지 않는 엉뚱하고 쓸데없는 말을 뜻해요.

길이 아니거든 가지 말고 말이 아니거든 듣지 말라
말과 행동을 소홀히 하지 말고, 올바르지 않은 일이거

든 아예 처음부터 하지 말라는 말이에요.

남의 말도 석 달
소문은 시간이 지나면 흐지부지 없어지고 만다는 말이에요.

남의 말 하기는 식은 죽 먹기
남의 잘못을 드러내어 말하는 것은 아주 쉬운 일이라는 뜻이에요.

내 말은 남이 하고 남 말은 내가 한다
누구나 남의 말 하기를 좋아한다는 뜻이에요.

말 많은 집은 장맛도 쓰다
집안에 잔말이 많으면 살림이 잘 안 된다는 말이에요.

말이 마음이고 마음이 말이다
말이란 곧 속마음의 표현이라는 뜻이에요.

살은 쏘고 주워도 말은 하고 못 줍는다
화살은 쏜 후에도 찾을 수 있지만 말은 한번 한 후에는 다시 수습할 수 없다는 뜻으로, 말을 삼가라는 말이에요.

세 치 혀가 사람 잡는다
세 치밖에 안 되는 짧은 혀라도 잘못 놀리면 사람이 죽게 되는 수가 있다는 뜻으로, 말을 함부로 하여서는 안 된다는 말이에요.

속에 뼈 있는 소리
말에 심각한 뜻이 담겨 있거나 나쁜 뜻이 들어 있는 경우를 말해요.

세 살 먹은 아이 말도 귀담아들으랬다
어린아이가 하는 말이라도 일리가 있을 수 있으므로 귀담아들어야 한다는 뜻으로, 남이 하는 말을 신중하게 들어야 한다는 말이에요.

어른 말을 들으면 자다가도 떡이 생긴다
어른이 시키는 대로 하면 실수가 없을 뿐만 아니라, 여러 가지로 이익이 된다는 말이에요.

음식은 갈수록 줄고 말은 갈수록 는다
먹을 것은 옮길수록 줄어들고 말은 할수록 더 보태게 된다는 뜻으로, 말을 삼가고 조심하라는 말이에요.

입은 비뚤어져도 말은 바로 해라
어떤 상황이든지 말은 언제나 바르게 하여야 한다는 말이에요.

호랑이도 제 말 하면 온다
깊은 산에 있는 호랑이도 저에 대하여 이야기하면 찾아온다는 뜻으로, 어디서나 그 자리에 없는 사람을 흉보아서는 안 된다는 말이에요. 또는 다른 사람에 대해 이야기를 하는데 바로 그 사람이 나타나는 경우에도 쓰지요.

음식에 관한 속담

굿이나 보고 떡이나 먹지
남의 일에 쓸데없는 간섭을 하지 말고 되어 가는 것을 보고 있다가 이익이나 얻도록 하라는 말이에요.

보고 못 먹는 것은 그림의 떡
탐스럽지만 가질 수 없다는 뜻으로, 아무 실속이 없다는 말이에요.

금강산도 식후경
아무리 재미있는 일이라도 배가 불러야 흥이 나지 배가 고파서는 아무 일도 할 수 없다는 말이에요.

급히 먹는 밥이 목이 멘다
너무 급히 서둘러 일을 하면 잘못하고 실패하게 된다는 뜻이에요.

꿀도 약이라면 쓰다
좋은 말이라도 충고라면 듣기 싫어한다는 뜻이에요.

냉수 먹고 이 쑤시기
물을 마시고 잘 먹은 체하며 이를 쑤신다는 뜻으로, 실속은 없으면서 무엇이 있는 체하는 것을 말해요.

누워서 떡 먹기
하기가 매우 쉬운 것을 말해요.

다 된 죽에 코 풀기
거의 다 된 일을 망쳐 버리는 행동을 이르는 말이에요.

둘이 먹다 하나 죽어도 모르겠다
음식이 아주 맛있다는 뜻이에요.

떡 본 김에 제사 지낸다
우연히 좋은 기회를 만나 하려던 일을 해치운다는 말이에요.

떡 줄 사람은 꿈도 안 꾸는데 김칫국부터 마신다
해 줄 사람은 생각지도 않는데 미리부터 다 된 일로 알고 행동한다는 말이에요.

마파람에 게 눈 감추듯
음식을 매우 빨리 먹는 모습을 뜻해요.

못생겨서 미안합니다
뚝배기보다 장맛이 좋다

옛날에 지혜롭기로 소문난 사람이 있었습니다. 많은 사람들이 존경하며 따르고 어려운 일이 있을 때마다 찾아가 답을 얻곤 했습니다. 그런데 한 가지, 사람들이 안타까워하는 것이 있었습니다.

"저렇게 인품이 훌륭하신 분이 저런 얼굴을 가졌다니…."

"못생겨도 너무 못생겼어."

사람들이 수군댔지만 지혜로운 사람은 신경 쓰지 않았습니다.

어느 날, 소문을 들은 임금님이 지혜로운 사람을 궁으로 불렀습니다.

"공주야, 우리나라에서 가장 지혜로운 분을 선생님으로 모셨으니 잘 배우도록 해라."

그런데 선생님의 얼굴을 본 공주는 웃음을 터뜨리고 말았습니다.

"푸하하, 이분이 지혜로운 분이라고요? 그렇게 존경받는 분이 이렇게 못생겼다니…, 하하하."

선생님은 빙긋 웃음을 지으며 공주에게 말했습니다.

"공주님, 제가 못생겨서 미안합니다. 그런데 궁금한 것이 있습니다. 궁궐에서 쓰는 귀한 술은 어디에 담아 두시지요?"

"술이야 술 항아리에 담지요."

"임금님이 드시는 귀한 술인데 금 항아리에 담는 것이 좋지 않을까요?"

공주는 선생님의 말이 맞는 것 같았습니다. 그래서 술을 모두 금 항아리에 옮겨 담게 했습니다.

며칠 후 식사를 하던 임금님이 술잔을 입에 대고는 얼굴을 찌푸렸습니다. 술 맛이 변했기 때문입니다. 임금님은 이유를 물었습니다.

"아버님이 드시는 술이라 금 항아리에 옮겨 놓았을 뿐

인데요."

금 항아리가 술을 상하게 한 것을 안 임금님은 공주를 나무랐습니다.

화가 난 공주는 당장 선생님을 찾아가 따졌습니다. 선생님은 조용한 목소리로 말했습니다.

"공주님, 값비싼 금 항아리에 담겨 있다고 술 맛까지 좋은 건 아니지요. 그래서 '**뚝배기보다 장맛이 좋다**'라는 말이 있는 것입니다. 앞으로는 겉모습만 보지 말고, 속에 담겨 있는 것을 보려고 노력하십시오."

뜻풀이
겉모양은 보잘것없으나 안에 담긴 내용은 훨씬 훌륭하다는 말이에요.

비슷한 속담
장독보다 장맛이 좋다.

음식에 관한 속담

빛 좋은 개살구
먹음직스러워 보이지만 맛은 없는 개살구라는 뜻으로, 겉만 그럴듯하고 실속이 없는 경우를 말해요.

속 빈 강정
겉만 그럴듯하고 실속이 없는 것을 말해요.

손가락에 장을 지지겠다
상대편이 어떤 일을 도저히 할 수 없을 것이라고 장담할 때 하는 말이에요.

수염이 대 자라도 먹어야 양반이다
배가 불러야 체면도 차릴 수 있다는 뜻으로, 먹는 것이 중요하다는 말이에요.

시장이 반찬
배가 고프면 반찬이 없어도 밥이 맛있게 느껴진다는 말이에요.

울며 겨자 먹기
맵다고 울면서도 겨자를 먹는다는 뜻으로, 싫은 일을 억지로 마지못해서 한다는 말이에요.

호박이 넝쿨째로 굴러떨어졌다
뜻밖에 좋은 물건이나 행운을 만났다는 말이에요.

동물에 관한 속담

개구리도 움쳐야 뛴다
뛰기를 잘하는 개구리도 뛰기 전에 움츠려야 한다는 뜻으로, 어떤 일을 이루려면 준비할 시간이 있어야 한다는 말이에요.

개구리 올챙이 적 생각 못 한다
형편이 전에 비하여 나아진 사람이 어렵던 때의 일을 생각하지 못하고 처음부터 잘난 듯이 뽐내는 것을 이르는 말이에요.

고래 싸움에 새우 등 터진다.
강한 사람들끼리 싸우는 통에 아무 상관도 없는 약한 사람이 중간에 끼어 피해를 입는 것을 말해요.

고양이 쥐 생각
속으로는 해칠 마음을 품고 있으면서, 겉으로는 생각해 주는 척하는 것을 말해요.

고양이한테 생선을 맡기다
고양이한테 생선을 맡기면 고양이가 생선을 먹을 것이 뻔하므로, 어떤 일이나 사물을 믿지 못할 사람에게 맡겨 놓고 마음이 놓이지 않아 걱정하는 것을 말해요.

구렁이 담 넘어가듯
일을 분명하고 깔끔하게 처리하지 않고 슬그머니 얼버무리는 것을 말해요.

까마귀 날자 배 떨어진다
아무 관계없이 한 일이 공교롭게도 때가 같아 어떤 관계가 있는 것처럼 의심을 받게 되는 것을 말해요.

꼬리가 길면 밟힌다
아무리 남모르게 한다고 해도 나쁜 일을 오래 여러 번 계속하면 결국에는 들키고 만다는 뜻이에요.

꽃이 고와야 나비가 모인다
상품이 좋아야 손님이 많다는 말이에요.

다람쥐 쳇바퀴 돌듯
앞으로 나아가거나 발전하지 못하고 제자리걸음만 하

는 것을 말해요.

닭 소 보듯, 소 닭 보듯
서로 아무런 관심도 두지 않는 사이를 말해요.

못된 송아지 엉덩이에 뿔이 난다
되지못한 것이 엇나가는 짓만 한다는 말이에요.

벼룩도 낯짝이 있다
매우 작은 벼룩조차도 낯짝이 있는데 하물며 사람이 체면이 없어서야 되겠느냐는 말이에요.

새 발의 피
새의 발에서 나오는 피라는 뜻으로, 하찮은 일이나 극히 적은 분량을 뜻해요.

소 뒷걸음질 치다 쥐 잡기
소가 뒷걸음질 치다가 우연히 쥐를 잡은 것처럼 우연히 공을 세운 경우를 말해요.

네 꿈이 뭐니

소도 언덕이 있어야 비빈다

　부유한 귀족의 가족이 조용한 시골 마을로 여름휴가를 왔습니다.
　"아, 더워. 빨리 수영해야지."
　무더위에 땀을 흘리던 아들 처칠은 호수로 뛰어들었습니다. 신나게 물놀이를 하던 처칠은 갑자기 다리에 쥐가 났습니다.
　"어푸어푸, 도와주세요. 살려 주세요!"
　호숫가 밭에서 일을 하던 소년이 그 소리를 들었습니다. 소년은 망설임 없이 호수로 뛰어들어 처칠을 건져 냈습니다.
　"헉헉, 괜찮니? 다친 데는 없어?"

"응, 고마워. 네가 아니었으면 난 물에 빠져 올라오지 못했을 거야. 난 처칠이라고 해. 넌 이름이 뭐니?"
"플레밍."
"플레밍, 우리 친구 하자."

둘은 친구가 되기로 약속하고, 헤어진 후에도 편지를 주고받으며 사귐을 이어 갔습니다.

플레밍이 초등학교를 졸업할 무렵 처칠이 물었습니다.

"플레밍, 넌 꿈이 뭐니?"

"응, 난 의사가 되고 싶어. 하지만 우리 집은 가난해서 공부를 계속할 수가 없어. 일을 해서 돈을 벌어야 하거든."

친구의 바람을 들은 처칠은 아버지에게 부탁해 플레밍을 도시로 데려와 공부할 수 있게 해 주었습니다. 그리고 자라서 의과대학을 졸업할 때까지 도움을 아끼지 않았습니다.

"처칠, 정말 고마워. 소도 언덕이 있어야 비빈다고 했는데, 네가 나의 언덕이 되어 주었어."

처칠의 고마움에 보답이라도 하듯 플레밍은 연구에 열중했습니다. 밤낮 없는 연구 끝에 세균 감염을 치료하

는 최초의 항생제인 페니실린을 발명해 수많은 사람들의 생명을 구할 수 있게 되었습니다. 이 공로를 인정받아 노벨의학상을 수상하게 되었지요.

"플레밍, 진심으로 축하해. 어렸을 때 나를 구한 소년이 많은 사람을 살리는 진정한 의사가 되었구나."

처칠과 플레밍은 평생 서로를 아끼고 응원하는 진정한 우정을 나누었답니다.

뜻풀이

언덕이 있어야 소도 가려운 곳을 비비거나 언덕을 디뎌 볼 수 있다는 뜻으로, 누구나 의지할 곳이 있어야 무슨 일이든 시작하거나 이룰 수가 있다는 말이에요.

비슷한 속담

도깨비도 수풀이 있어야 모인다.

동물에 관한 속담

송충이는 솔잎을 먹어야 한다
자기 분수에 맞게 행동하라는 말이에요.

쇠귀에 경 읽기
소의 귀에 대고 불경을 읽어 봐야 알아듣지 못한다는 뜻으로, 아무리 가르치고 일러 주어도 알아듣지 못하거나 효과가 없는 경우를 말해요.

숭어가 뛰니까 망둥이도 뛴다
남이 한다고 생각 없이 덩달아 나서는 것을 말해요.

어물전 망신은 꼴뚜기가 시킨다
못난 사람일수록 같이 있는 동료를 망신시킨다는 말이에요.

속담 퀴즈? 빈칸에 알맞은 말을 넣으세요.

　ㅅㅊㅇ 는 솔잎을 먹어야 한다.
　어물전 망신은 ㄲㄸㄱ 가 시킨다.

여우를 피해서 호랑이를 만났다
갈수록 더욱더 힘든 일을 당한다는 말이에요.

우물 안 개구리
넓은 세상을 알지 못하는, 견문이 좁은 사람을 말해요.

원숭이도 나무에서 떨어진다
아무리 익숙하고 잘하는 사람이라도 간혹 실수할 때가 있다는 말이에요.

하룻강아지 범 무서운 줄 모른다
철없이 함부로 덤비는 것을 가리키는 말이에요.

속담 퀴즈? 빈칸에 알맞은 낱말 번호를 적으세요.

■■■ 싸움에 새우 등 터진다.
①상어 ②고래 ③거북 ④문어

고양이한테 ■■■을/를 맡기다.
①생선 ②사과 ③모자 ④고기

못된 ■■■ 엉덩이에 뿔 난다.
①도깨비 ②강아지 ③송아지 ④망아지

우리나라 대표 속담

 속담으로 배우는

가는 말에 채찍질
열심히 하고 있는데도 더 빨리 하라고 독촉한다는 뜻이에요. 일이 잘될수록 더욱 마음을 써서 노력하라는 말이지요.

가랑잎에 불붙듯
바싹 마른 가랑잎에 불을 붙이면 걷잡을 수 없이 잘 타는 것처럼, 성미가 조급하고 마음이 넓지 못해 걸핏하면 화를 내는 것을 말해요.

갓 쓰고 자전거 탄다
차림이 전혀 어울리지 않아 어색하고 우습다는 말이에요.

같은 값이면 다홍치마
값이 같거나 같은 노력을 한다면 더 좋은 것을 택한다

세상의 지혜

는 말이에요.

개같이 벌어서 정승같이 산다
돈을 벌 때는 귀하고 천한 일을 가리지 않고 하면서 벌고, 쓸 때는 떳떳하고 보람 있게 쓴다는 말이에요.

가랑잎이 솔잎더러 바스락거린다고 한다
더 바스락거리는 가랑잎이 솔잎더러 바스락거린다고 나무라는 것처럼, 자기 허물은 생각하지 않고 남의 허물만 나무라는 경우를 말해요.

간에 붙었다 쓸개에 붙었다 한다
자기에게 조금이라도 이익이 되면 이편에 붙었다 저편에 붙었다 하는 것을 말해요.

갈수록 태산
갈수록 더욱 어려운 지경에 처하게 되는 경우를 말해요.

속담으로 배우는

걷기도 전에 뛰려고 한다
쉽고 작은 일도 해낼 수 없으면서 어렵고 큰일을 하려고 나선다는 말이에요.

고양이 목에 방울 달기
실제로 행동에 옮기기 어려운 것을 공연히 의논한다는 말이에요.

굼벵이도 구르는 재주가 있다
아무리 재능이 없는 사람도 한 가지 재주는 있다는 말이에요.

귀신이 곡할 노릇
어떤 일이 하도 묘하고 신통하여서 도무지 이해할 수 없다는 말이에요.

긁어 부스럼
아무렇지도 않은 일을 공연히 건드려서 걱정을 일으키는 경우를 말해요.

세상의 지혜

급하면 바늘허리에 실 매어 쓸까
어떤 일이든 아무리 급해도 순서에 따라 해야 한다는 말이에요.

길고 짧은 것은 대어 보아야 안다
크고 작고, 이기고 지고, 잘하고 못하는 것은 실제 겨루어 보거나 겪어 보아야 알 수 있다는 말이에요.

까마귀가 아저씨 하겠다
손발이나 몸에 때가 너무 많이 끼어서 시꺼멓고 더러운 것을 놀리는 말이에요.

나는 새도 떨어뜨린다
권세가 대단하여 모든 일을 제 마음대로 할 수 있는

 **속담으로 배우는**

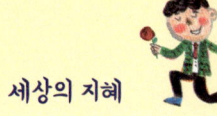

상태를 말해요.

내 코가 석 자
내 사정이 급해서 남을 돌볼 여유가 없다는 말이에요.

눈 감으면 코 베어 먹을 세상
잠시 한눈을 판 사이에 큰 피해를 당할 만큼 세상인심이 야박하고 무섭다는 말이에요.

눈이 보배다
눈썰미가 있어서 한번 본 것은 잊지 않는 것을 이르는 말이에요.

눈이 아무리 밝아도 제 코는 안 보인다
아무리 똑똑한 사람도 자신에 대해서는 잘 모른다는 말이에요.

 속담으로 배우는

닭 잡아먹고 오리 발 내놓기
옳지 못한 일을 저질러 놓고 엉뚱한 수작으로 속여 넘기려 한다는 말이에요.

도랑 치고 가재 잡는다
일의 순서가 바뀌어서 애쓴 보람이 나타나지 않음을 이르는 말이에요.

동냥은 못 줘도 쪽박은 깨지 마라
남을 도와주지는 못할망정 방해는 하지 말라는 말이에요.

듣기 좋은 꽃노래도 한두 번이지
아무리 좋은 일이라도 여러 번 되풀이하면 싫어진다는 말이에요.

세상의 지혜

땅 짚고 헤엄치기
일이 매우 쉽다는 말.

때리는 시어머니보다 말리는 시누이가 더 밉다
겉으로는 위해 주는 체하면서 속으로는 헐뜯는 사람이 더 밉다는 말이에요.

똥 묻은 개가 겨 묻은 개 나무란다
자기는 더 큰 흉이 있으면서 오히려 남의 작은 흉을 본다는 말이에요.

똥이 무서워서 피하나 더러워서 피하지
악하거나 같잖은 사람을 피하는 것은 그가 무서워서가 아니라 상대할 만한 가치가 없어서 피하는 것이라는 말이에요.

도토리 키 재기
고만고만한 사람끼리 서로 다툴 때 쓰는 말이에요.

 속담으로 배우는

되로 주고 말로 받는다
조금 주고 그 대가로 몇 곱절이나 많이 받는 경우를 말해요.

떼어 놓은 당상
조선 시대에 높은 벼슬을 한 사람인 당상의 망건에 있던 옥이나 금으로 만든 관자도 당상이라 불렀는데, 떼어 놓은 당상은 변하거나 다른 데로 갈 리가 없었어요. 그래서 일이 확실하여 조금도 틀림이 없을 때 '떼어 놓은 당상'이라고 한답니다.

매도 먼저 맞는 놈이 낫다
이왕 겪어야 할 일이라면 어렵고 괴롭더라도 먼저 치르는 편이 낫다는 말이에요.

세상의 지혜

모난 돌이 정 맞는다
두각을 나타내거나 강직한 사람은 남에게 미움을 받게 된다는 말이에요.

모로 가도 서울만 가면 된다
수단이나 방법은 어찌 되었든 간에 목적만 이루면 된다는 말이에요.

무소식이 희소식
소식이 없는 것은 무사히 잘 있다는 말이니, 곧 기쁜 소식이나 다름없다는 말이에요.

물에 빠진 놈 건져 놓으니까 망건값 달라 한다
남에게 은혜를 입고서도 그 고마움을 모르고 생트집을 잡을 때 사용하는 말이에요.

물 좋고 정자 좋은 데가 있으랴
모든 조건을 다 갖춘 곳을 찾기 힘들다는 뜻이에요.

 속담으로 배우는

방귀 뀐 놈이 성낸다
잘못을 저지른 쪽에서 오히려 성내는 것을 비꼬아 하는 말이에요.

배보다 배꼽이 크다
기본이 되는 것보다 덧붙이는 것이 더 많거나 큰 경우에 쓰는 말이에요.

번갯불에 콩 볶아 먹겠다
행동이 매우 민첩하다는 말이에요. 또는 무엇이든지 당장 처리하려고 안달하는 조급한 성질을 말해요.

병 주고 약 준다
남을 병들게 한 후 약을 주며 그를 구원하는 체한다는 뜻으로, 교활하고 음흉한 사람의 행동을 말해요.

세상의 지혜

 속담으로 배우는

부자는 많은 사람의 밥상
부자는 여러 사람에게 많건 적건 덕을 끼치게 된다는 말이에요.

불난 집에 부채질한다
남의 재앙을 점점 더 커지게 하거나 성난 사람을 더욱 성나게 하는 것을 말해요.

사람 나고 돈 났지 돈 나고 사람 났나
아무리 돈이 중요하다 해도 사람보다 더 귀중할 수는 없다는 뜻으로, 돈밖에 모르는 사람을 비꼬아 말해요.

사람은 죽으면 이름을 남기고 범은 죽으면 가죽을 남긴다
호랑이가 죽은 다음에 귀한 가죽을 남기듯이 사람은

세상의 지혜

보람 있는 일을 해 후세에 명예를 떨치는 것이 가장 중요하다는 말이에요.

산 입에 거미줄 치랴
거미가 사람 입안에 거미줄을 치면 사람이 아무것도 먹지 않아야 한다는 뜻으로, 아무리 살림이 어려워도 먹고 살아가기 마련이라는 말이에요.

선무당이 사람 잡는다
서투르고 잘 알지도 못하면서 아는 체하여 함부로 하다 큰일을 저지르는 경우를 말해요.

세월이 약
아무리 가슴 아프고 속에 맺혔던 일도 시간이 흐르면 자연히 잊게 된다는 말이에요.

소경 개천 나무란다
개천에 빠진 소경이 자기가 보지 못한 것은 생각하지 않

 속담으로 배우는

고 개천만 나무란다는 뜻으로, 자기가 부족한 것은 생각하지 않고 애꿎은 사람이나 조건만 탓한다는 말이에요.

손 안 대고 코풀기
일을 힘 안 들이고 아주 쉽게 해치우는 것을 비유한 말이에요.

십년공부 도로 아미타불
오랫동안 공들여 해 온 일이 헛일이 된 경우를 이르는 말이에요.

싼 것이 비지떡
값이 싼 물건은 품질이 나쁘기 마련이라는 말이에요.

숯이 검정 나무란다
검은 숯이 검은 것을 나무란다는 뜻으로, 제 허물은 생각하지 않고 남의 허물을 들추어내는 것을 말해요.

세상의 지혜

십 년 묵은 체증이 내리다
어떤 일로 인하여 속이 후련하여진 경우를 말해요.

십 년이면 강산도 변한다
세월이 흐르면 모든 것이 변하게 된다는 말이에요.

싸움은 말리고 흥정은 붙이랬다
나쁜 일은 말리고 좋은 일은 권해야 한다는 말이에요.

쌀독에서 인심 난다
자신이 넉넉해야 다른 사람도 도울 수 있다는 말이에요.

아닌 밤중에 홍두깨
별안간 엉뚱한 말이나 행동을 하는 것을 말해요.

 속담으로 배우는

안되는 사람은 자빠져도 코가 깨진다
운수가 나쁜 사람은 보통 사람에게는 생기지도 않는 나쁜 일까지 생긴다는 말이에요.

업은 아이 삼 년 찾는다
무엇을 몸에 지니거나 가까이 두고도 까맣게 잊어버리고 엉뚱한 데에 가서 오래도록 찾아 헤매는 것을 말해요.

엎어지면 코 닿을 데
매우 가까운 거리.

옥에 티
나무랄 데 없이 훌륭하거나 좋은 것에 있는 아주 작은 흠.

옷이 날개라
옷이 좋으면 사람이 돋보인다는 말이에요.

우는 아이 젖 준다
무슨 일에 있어서나 자기가 요구하여야 쉽게 구할 수

세상의 지혜

있다는 말이에요.

웃는 낯에 침 뱉으랴
웃는 얼굴로 좋게 대하는 사람에게 나쁘게 대할 수 없다는 말이에요.

원님 덕에 나팔 분다
원님과 같이 가는 덕분에 나팔 불고 요란히 맞아 주는 호화로운 대접을 받는다는 뜻으로, 남의 덕으로 당치도 아니한 행세를 하게 되거나 그런 대접을 받고 우쭐대는 모양을 이르는 말이에요.

원수는 외나무다리에서 만난다
꺼리고 싫어하는 사람을 피할 수 없는 곳에서 뜻하지 않게 만나게 된다는 말이에요.

입추의 여지가 없다
송곳 끝도 세울 수 없을 정도라는 뜻으로, 발 들여놓

 속담으로 배우는

을 데가 없을 정도로 많은 사람들이 꽉 들어찬 경우를 이르는 말이에요.

잘되면 제 탓 못되면 조상 탓
일이 안 될 때 그 책임을 남에게 돌리는 태도를 이르는 말이에요.

재주는 곰이 넘고 돈은 주인이 받는다
수고하여 일한 사람은 따로 있고, 그 일에 대한 대가는 다른 사람이 받는다는 말이에요.

젊어 고생은 사서도 한다
젊었을 때 고생하면 이후에 어려운 일을 당해도 끄떡없이 나가기가 쉬워지기 때문에, 젊은 시절의 고생은 일부러라도 해 보는 것이 좋다는 말이에요.

세상의 지혜

 속담으로 배우는

죄는 지은 데로 가고 덕은 닦은 데로 간다
죄를 지으면 벌을 받고 덕을 쌓으면 복을 받는다는 말이에요.

죽 쑤어 개 좋은 일 하였다
애써 한 일을 남에게 빼앗기거나, 엉뚱한 사람에게 이로운 일을 한 결과가 되었을 때 하는 말이에요.

집에서 새는 바가지는 들에 가도 샌다
본바탕이 좋지 아니한 사람은 어디를 가나 본색을 드러내고야 만다는 말이에요.

털어서 먼지 안 나는 사람 없다
누구나 조그마한 허물은 가지고 있다는 말이에요.

핑계 없는 무덤이 없다
어떤 일이든 변명하고 이유를 붙일 수 있다는 말이에요.

세상의 지혜

하늘로 올라갔나 땅으로 들어갔나
갑자기 아무도 모르게 없어져, 찾아 볼 곳은 다 찾아 보았지만 어디에도 없다는 뜻이에요.

하늘의 별 따기
무엇을 얻거나 이루기 매우 어려운 경우를 말해요.

하늘 보고 침 뱉기다
하늘 보고 침 뱉으면 결국 자기 얼굴에 떨어지듯이, 자신에게 해가 돌아올 짓을 한다는 뜻이에요.

하던 일도 멍석 펴 놓으면 안 한다
보통 때는 시키지 않아도 잘하던 일을 잘하라고 권하면 안 한다는 말이에요.

 속담으로 배우는 세상의 지혜

한 귀로 듣고 한 귀로 흘린다
남의 말을 귀담아듣지 않는다는 말이에요.

한번 엎지른 물은 다시 주워 담지 못한다
일단 저지른 잘못은 회복하기 어렵다는 말이에요.

형만 한 동생 없다
어떤 일을 처리하는 데 있어서, 아무래도 경험을 많이 쌓은 형이 아우보다 낫다는 말이에요.

혹 떼러 갔다 혹 붙여 온다
자기의 부담을 덜려고 하다가 다른 일까지도 맡게 되는 경우를 말해요.

세계 대표 속담

 속담으로 배우는

1. 가장 맛있을 때 멈춰라(독일)
무엇이든 지나치지 말고 알맞게 하라는 말이에요.

2. 가족이 있는 자는 넘어지지 않는다(자이르)
형제나 친척은 힘을 합쳐야 한다는 말이에요.

3. 계란 한 개 아끼려고 팬케이크를 망쳐서는 안 된다(네덜란드)
작은 것을 아끼려다 큰일을 망칠 수 있다는 말이에요.

4. 귀여운 자식에게는 여행을 시켜라(일본)
여행을 통해 고생도 해 보고 모험도 해 보게 하라는 말로, 귀하게만 키우지 말고 엄격하게 키우라는 뜻이에요.

5. 귓속말은 집을 망친다(세르비아)
한 집에 살면서 서로 믿지 못하면 그 집안은 망한다는 말이에요.

6. 길을 헤맨다는 것은 길을 아는 것이다(탄자니아)
도전을 통해 만나는 크고 작은 실패를 이겨 내야 진정한 성공을 맛볼 수 있다는 말이에요.

세상의 지혜

7. 꿀만 먹으면 꿀이 쓴맛 된다 (위구르)

편한 것만 좇으면 나중에는 그것마저 힘들게 느껴질 때가 있으니 때로는 힘든 것도 해 봐야 한다는 말이에요.

8. 꿀벌은 모든 꽃에 머무르지만 모든 꽃에서 꿀을 얻을 수는 없다 (리투아니아)

겉보기와 실제는 다르다는 말이에요.

9. 나쁜 돈은 아무도 풍요롭게 하지 못한다 (에스파냐)

나쁜 방법으로 돈을 벌면 또 다른 나쁜 방법으로 사라지고, 누군가는 손해를 보게 되니 아무도 풍요롭지 못하다는 뜻이에요.

10. 나쁜 친구는 독이 있는 줄기이고, 좋은 친구는 약초다 (티베트)

나쁜 친구는 독처럼 해를 끼치지만 좋은 친구는 만나는 것만으로 힘이 되는 약초와 같다는 말이에요.

11. 나이 많은 여우는 덫 위에서도 웃으면서 오줌을 싼다 (아르헨티나)

속담으로 배우는

나이 먹은 사람은 경험이 많아서 위험한 일도 잘 피한다는 뜻이에요.

12. 돈과 달리는 것은 젊었을 때(에티오피아)
재산을 모으는 것과 몸을 건강하게 만드는 것은 젊었을 때 해 두어야 한다는 말이에요.

13. 들에 눈 있고 숲에 귀 있다(리투아니아)
비밀스럽게 말해도 어디서나 보고 듣는 사람이 있다는 말로, 말조심하라는 뜻이에요.

14. 말이 나가면 그 말은 다른 사람의 소유가 된다(영국)
말을 하면 그 말은 듣는 사람의 것이 되므로, 듣는 사람이 상처받지 않도록 조심해서 말하라는 뜻이에요.

15. 멀리 있으면 꽃향기, 가까우면 마음의 악취(인도네시아)
가족은 멀리 있으면 좋게 여겨지고, 함께 생활하다 보면 생각과 성격의 차이로 힘들 수 있다는 말이에요.

16. 모르는 주제에 배우려 하지 않는 자는 좋지 않다(크로아티아)

세상의 지혜

모르면서 아는 체하고 배우려 하지 않는 사람은 남에게 해를 끼칠 수도 있고, 스스로 해를 입기도 하므로 나쁜 사람이라는 뜻이에요.

17. 모자는 살 수 있어도 지성은 살 수 없다(세르비아)
지혜와 학식은 스스로 배우고 익혀야만 자기 것이 된다는 말이에요.

18. 목이 있는 것은 둘러보기 위함이다(에티오피아)
자기 눈으로 보고 머리로 생각하라는 말이에요.

19. 바라지 않는 자 얻는 것이 없다(아이슬란드)
원하는 것이 없으면 얻는 것도 없다는 말이에요.

20. 바보는 천사가 밟기 두려워하는 곳에 뛰어든다(영국)
어리석은 사람은 훌륭한 사람이 꺼리는 일에 무모하게 덤빈다는 뜻이에요.

21. 부자가 만족할 즈음에는 가난뱅이의 혼이 저 세상으로 떠난다(불가리아)

속담으로 배우는

부자가 더 많은 재산을 갖기 원할수록 가난한 사람은 더 힘들게 끊임없이 일해야 한다는 말이에요.

22. 비옥한 땅도 안 쉬면 메마른 땅(에스파냐)
사람이나 동물도 적당히 쉬게 해야 한다는 말이에요.

23. 빵과 양파, 웃는 얼굴만 있으면 충분하다(아프가니스탄)
아무리 맛있는 음식을 대접받는다고 해도 주인이 웃지 않으면 소용없다는 말이에요.

24. 사람의 걸음은 넘어짐의 연속이다(영국)
실패하더라도 실망하거나 포기하지 말고 다시 도전하고, 꾸준히 노력하라는 말이에요.

25. 사랑은 사랑에서 온다(브라질)
내가 먼저 남을 사랑해야 남도 나를 사랑하게 된다는 말이에요.

26. 소금과 빵을 아끼지 않는 사람의 집은 늘 열려 있다(코카시아)
다른 사람에게 베푸는 사람은 언제나 이웃을 환영할

세상의 지혜

준비가 되어 있다는 말이에요.

27. 손이 손을 씻고 발이 발을 움직인다(리투아니아)
내가 남을 도우면 다른 사람도 나를 도와준다는 말이에요.

28. 식초보다 꿀이 많은 파리를 잡을 수 있다(이탈리아)
엄격함보다는 부드러운 친절이 사람의 마음을 움직인다는 뜻이에요.

29. 아이를 응석받이로 키우면 장래에 엄마가 울게 된다(필리핀)
어린 시절 엄하게 가르치지 않으면 바르게 자라지 못해 훗날 부모가 괴로움을 겪게 된다는 말이에요.

30. 악마는 아이들이 있는 집에는 들어가지 않는다(쿠르드)
가족이 서로 사랑하면 나쁜 일보다 좋은 일이 훨씬 많다는 뜻이에요.

31. 양털을 깎되 가죽까지 벗겨서는 안 된다(루마니아)

속담으로 배우는

지나친 욕심은 손해를 불러온다는 말이에요.

32. 어떤 위인도 하늘에서 내려오지는 않는다(독일)
태어날 때부터 뛰어난 사람은 없다는 뜻으로, 노력을 해야 훌륭한 사람이 될 수 있다는 말이에요.

33. 어리석은 자가 최후에 하는 것을 현명한 자는 최초로 한다(에스파냐)
어리석은 사람은 무턱대고 일을 하여 결과를 본 뒤에야 잘잘못을 깨닫지만, 현명한 사람은 앞뒤를 잘 살펴 결과를 미리 예측해 실수와 실패를 줄인다는 말이에요.

34. 어리석은 자식은 키워도 거짓말하는 자식은 기르지 않는다(중국)
자식이 좀 어리석어도 정직한 사람으로 키워야 한다는 뜻이에요.

35. 이웃 없는 집은 사지 마라(마케도니아)
어려움과 기쁨을 함께 나눌 이웃과 더불어 살라는 뜻

세상의 지혜

이에요.

36. 인내는 뽕나무를 비단으로 바꾼다(불가리아)

정성껏 뽕나무를 키워 누에를 치면 아름다운 비단을 만들 듯, 참고 견디고 노력하는 과정은 어려우나 결과는 멋지다는 말이에요.

37. 있기만 하면 적어도 풍족하다(인도네시아)

만족할 줄 알면 풍족하다고 느낀다는 말이에요.

38. 자기 말의 노예이다(프랑스)

한번 약속한 것은 꼭 지켜야 한다는 말이에요.

39. 자식 열을 어머니 혼자서 기르지만, 열 자식은 어머니 하나를 모시지 못한다(태국)

자식은 어머니 사랑의 십분의 일도 못 갚는다는 뜻이에요.

40. 자주 여행하는 사람은 이야깃거리가 풍부하다(아일랜드)

여행을 하면 보고, 듣고, 느끼는 것이 많아 자연스레 이야깃거리가 많아진다는 뜻이에요.

 속담으로 배우는

41. 잔돈도 모으면 보물 곳간이 된다(모로코)

적은 돈이라도 모이면 큰돈이 된다는 뜻이에요.

42. 잘살 때 낙타로 도와주는 것보다 어려울 때 바늘로 도와준다(몽골)

어려울 때 도와주는 친구가 진정한 친구라는 뜻이에요.

43. 접시와 입 사이에서 수프가 식는다(에스파냐)

무엇이든 꾸물대거나 망설이는 사이에 흥미도 재미도, 열정도 사라져 때를 놓치게 된다는 말이에요.

44. 진짜 금은 불의 시련을 두려워하지 않는다(중국)

정말 능력 있는 사람은 크고 작은 시련과 실패를 두려워하지 않고 끊임없이 도전한다는 말이에요.

45. 집에서는 벽도 내 편이 되어 준다(러시아)

자기 집이 가장 좋다는 말이에요.

46. 총명한 사람은 앞을 내다보지만 아둔한 사람은 뒤를 돌아본다(중국)

세상의 지혜

똑똑한 사람은 미래를 위해 노력하지만 어리석은 사람은 지난 일에 매달려 후회만 한다는 말이에요.

47. 친절은 썩지 않는다(스와힐리)

진심을 다해 베푼 친절은 나빠지는 법이 없다는 말이에요.

48. 한 알의 쌀을 집는 데도 많은 손가락이 필요하다(코트디부아르)

서로 도우면 힘이 된다는 말이에요.

49. 형제가 화내는 것은 악마가 화내는 것(이탈리아)

형제가 서로 사랑하면 그보다 강한 힘이 없지만 서로를 미워하면 그보다 더한 적이 없다는 뜻이에요.

50. 훌륭한 나무 한 그루만 있으면 만 마리 새가 머물 수 있다(미얀마)

부유하거나 큰 인물이 있으면 주위의 일가친척과 친구가 그 덕을 볼 수 있다는 말이에요.

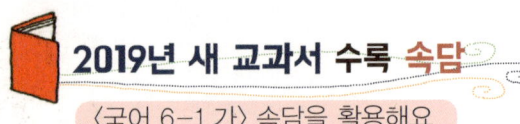

2019년 새 교과서 수록 속담

〈국어 6-1 가〉 속담을 활용해요

가는 말이 고와야 오는 말이 곱다
남에게 말이나 행동을 좋게 해야 남도 나에게 좋게 한다는 말이에요.

가루는 칠수록 고와지고 말은 할수록 거칠어진다
가루는 체에 칠수록 고와지지만 말은 길어질수록 다툼이 생길 수 있으니 말을 삼가라는 뜻이에요.

가시나무에 가시가 난다
모든 일은 근본에 따라 거기에 걸맞은 결과가 나타나는 것임을 비유적으로 이르는 말이에요.

개천에서 용 난다
미천한 집안이나 변변하지 못한 부모에게서 훌륭한 인물이 나는 경우를 이르는 말이에요.

구름 갈 제 비가 간다
사람의 긴밀한 관계를 비유적으로 이르는 말이에요.

까마귀 고기를 먹었나
잊어버리기를 잘하는 사람을 놀리거나 나무라는 말이에요.

낮말은 새가 듣고 밤말은 쥐가 듣는다
아무도 안 듣는 데서라도 말조심하라는 뜻이에요.

늙은 말이 길을 안다
나이와 경험이 많으면 그만큼 일에 대한 이치를 잘 안다는 뜻이에요.

닭 쫓던 개 지붕 쳐다보듯
개에게 쫓기던 닭이 지붕으로 올라가자 개가 쫓아 올라가지 못하고 지붕만 쳐다본다는 뜻으로, 애써 하던 일이 실패로 돌아가거나 남보다 뒤떨어져 어찌할 도리가 없이 됨을 비유적으로 이르는 말이에요.

독장수구구는 독만 깨뜨린다
실현성이 없는 허황된 계산은 도리어 손해만 가져온다는 말이에요.

마룻구멍에도 볕 들 날이 있다
고생을 참고 기다리면 좋은 시기를 만날 수 있다는 말이에요.

말이 많으면 쓸 말이 적다
하지 않아도 될 말을 많이 늘어놓으면 그만큼 쓸 말이 적어진다는 것으로, 말을 삼가라는 뜻이에요.

말이 씨가 된다
늘 말하던 것이 마침내 사실대로 되었을 때를 이르는 말이에요.

바늘 가는 데 실 간다
떨어져서는 아무 소용이 없어 늘 붙어 다니는 사람끼리의 긴밀한 관계를 말해요.

바늘보다 실이 굵다
바늘에 꿰야 할 실이 바늘보다 굵다는 뜻으로, 커야 할 것이 작고 작아야 할 것이 커서 사리에 어긋난다는 말이에요.

발 없는 말이 천 리 간다
말은 발이 없지만 천 리 밖까지도 순식간에 퍼진다는 뜻으로, 말을 삼가야 한다는 뜻이에요.

배보다 배꼽이 더 크다
기본이 되는 것보다 덧붙이는 것이 더 많거나 큰 경우에 쓰는 말이에요.

백지장도 맞들면 낫다
쉬운 일이라도 힘을 합치면 훨씬 쉽다는 뜻이에요.

사공이 많으면 배가 산으로 간다
여러 사람이 제 주장대로 배를 몰려고 하면 결국에는 배가 물로 못 가고 산으로 올라간다는 뜻으로, 여러 사람이 자기주장만 내세우면 일이 제대로 되지 않는다는 말이에요.

사람은 죽으면 이름을 남기고 범은 죽으면 가죽을 남긴다
호랑이가 죽은 다음에 귀한 가죽을 남기듯이 사람은 보람 있는 일을 해 후세에 명예를 떨치는 것이 가장 중요하다는 말이에요.

살은 쏘고 주워도 말은 하고 못 줍는다
화살은 쏜 후에도 찾을 수 있지만 말은 한번 한 후에는 다시 수습할 수 없다는 뜻으로, 말을 삼가라는 말이에요.

세 살 적 버릇이 여든까지 간다
어릴 때 몸에 밴 버릇은 늙어 죽을 때까지 고치기 힘들기 때문에 어릴 때부터 나쁜 버릇이 들지 않도록 잘 가르쳐야 한다는 뜻이에요.

소 잃고 외양간 고친다
일이 이미 잘못된 뒤에는 손을 써도 소용이 없다는 말이에요.

아 해 다르고 어 해 다르다
같은 내용의 이야기라도 이렇게 말하는 것이 다르고, 저렇게 말하는 것이 다르다는 뜻이에요.

얼굴보다 코가 더 크다
기본이 되는 것보다 덧붙이는 것이 더 많거나 큰 경우를 이르는 말이에요.

엎친 데 덮친다
어렵거나 나쁜 일이 겹치어 일어난다는 말이에요.

오이 덩굴에 오이 열리고 가지 나무에 가지 열린다
모든 일은 근본에 따라 거기에 걸맞은 결과가 나타나는 것임을 이르는 말이에요.

용 가는 데 구름 간다
반드시 같이 다녀서 둘이 서로 떠나지 아니할 경우를 이르는 말이에요.

우물을 파도 한 우물을 파라
일을 너무 벌여 놓거나 하던 일을 자주 바꾸어 하면 아무런 성과가 없으니 어떠한 일이든 한 가지 일을 끝까지 하여야 성공할 수 있다는 말이에요.

원숭이도 나무에서 떨어진다
아무리 익숙하고 잘하는 사람이라도 간혹 실수할 때가 있다는 말이에요.

음달에도 햇빛 드는 날이 있다

햇빛이 들지 아니하여 그늘진 곳도 해가 들어 양지가 될 수 있다는 뜻으로, 아무리 어려운 처지에 놓여 있더라도 끝까지 노력하면 성과를 거둘 수 있다는 말이에요.

입은 비뚤어져도 말은 바로 해라

어떤 상황이든지 말은 언제나 바르게 하여야 한다는 말.

쥐구멍에도 볕 들 날 있다

몹시 고생을 하는 사람도 좋은 운수가 터질 날이 있다는 말이에요.

지렁이도 밟으면 꿈틀한다

보잘것없는 사람이나, 순하고 좋은 사람이라도 너무 업신여기면 가만있지 않는다는 말이에요.

천 리 길도 한 걸음부터

무슨 일이든 그 시작이 중요하다는 말이에요.

콩 심은 데 콩 나고 팥 심은 데 팥 난다

모든 일은 근본에 따라 거기에 걸맞은 결과가 나타난다는 말이에요.

티끌 모아 태산
작은 것이라도 모이고 모이면 나중에 큰 덩어리가 된다는 말이에요.

하나를 보고 열을 안다
일부만 보고 전체를 미루어 안다는 말이에요.

하룻강아지 범 무서운 줄 모른다
철없이 함부로 덤비는 것을 가리키는 말이에요.

호랑이가 호랑이를 낳고 개가 개를 낳는다
근본에 따라 거기에 합당한 결과가 이루어진다는 말이에요.

호랑이도 제 말 하면 온다
깊은 산에 있는 호랑이도 저에 대하여 이야기하면 찾아온다는 뜻으로, 어디서나 그 자리에 없는 사람을 흉보아서는 안 된다는 말이에요. 또는 다른 사람에 대해 이야기를 하는데 바로 그 사람이 나타나는 경우에도 쓰지요.

호랑이에게 물려 가도 정신만 차리면 산다
아무리 위급한 경우를 당하더라도 정신만 똑똑히 차리면 위기를 벗어날 수 있다는 말이에요.

〈국어 6-2 가〉 관용 표현을 활용해요

공든 탑이 무너지랴
공들여 쌓은 탑은 무너질 리 없다는 뜻으로, 힘을 다하고 정성을 다하여 한 일은 반드시 그 결과가 있다는 말이에요.

말 한마디에 천 냥 빚도 갚는다
말만 잘하면 어려운 일이나 불가능해 보이는 일도 해결할 수 있다는 말이에요.

벼 이삭은 익을수록 고개를 숙인다
교양과 지식을 쌓은 사람일수록 겸손하고 남 앞에서 자기를 내세우지 않는다는 말이에요.

쇠뿔도 단김에 빼라
어떤 일이든지 하려고 생각했으면 한창 열이 올랐을 때 망설이지 말고 행동으로 옮겨야 한다는 말이에요.

속담 퀴즈 정답

19쪽 ②구더기/①기억/③개
27쪽 ③어둡다/①도끼
35쪽 ④산/③마음/②수박/①굴뚝/외양간/감초
43쪽 ④쓴/②외나무다리
51쪽 ③떡잎
67쪽 ②돌/③선비
90쪽 ①이웃/④가지
96쪽 사촌
110쪽 ①까마귀
115쪽 송충이/꼴뚜기
116쪽 ②고래/①생선/③송아지